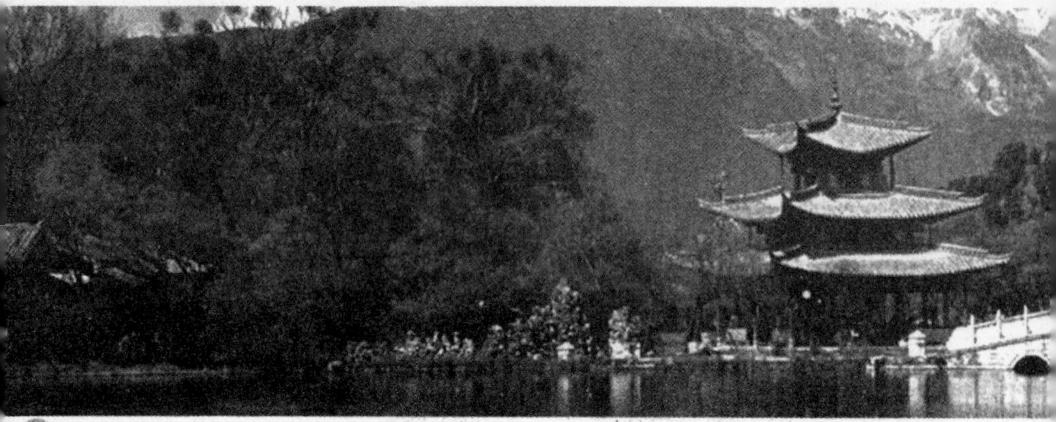

中国文化知识读本

ZHONGGUO WENHUA ZHISHI DUBEN

丽江古城

金开诚◎主编　李金宏◎编著

吉林出版集团有限责任公司
吉林文史出版社

图书在版编目（CIP）数据

丽江古城 / 李金宏编著 .—长春：吉林出版集团有限责任公司：吉林文史出版社，2009.12（2022.1重印）
（中国文化知识读本）
ISBN 978-7-5463-1669-7

Ⅰ.①丽… Ⅱ.①李… Ⅲ.①古城－概况－丽江纳西族自治县 Ⅳ.①K927.44

中国版本图书馆 CIP 数据核字（2009）第 236854 号

丽江古城

LIJIANG GUCHENG

主编／金开诚 编著／李金宏
项目负责／崔博华 责任编辑／曹恒 崔博华
责任校对／刘姝君 装帧设计／曹恒
出版发行／吉林文史出版社 吉林出版集团有限责任公司
地址／长春市人民大街4646号 邮编／130021
电话／0431-86037503 传真／0431-86037589
印刷／三河市金兆印刷装订有限公司
版次／2009 年 12 月第 1 版 2022 年 1 月第 7 次印刷
开本／650mm×960mm 1/16
印张／8 字数／30千
书号／ISBN 978-7-5463-1669-7
定价／34.80元

《中国文化知识读本》编委会

主　任　胡宪武

副主任　马　竞　周殿富　孙鹤娟　董维仁

编　委（按姓氏笔画排列）

于春海　王汝梅　吕庆业　刘　野　李立厚

邴　正　张文东　张晶昱　陈少志　范中华

郑　毅　徐　潜　曹　恒　曹保明　崔　为

崔博华　程舒炜

关于《中国文化知识读本》

　　文化是一种社会现象，是人类物质文明和精神文明有机融合的产物；同时又是一种历史现象，是社会的历史沉积。当今世界，随着经济全球化进程的加快，人们也越来越重视本民族的文化。我们只有加强对本民族文化的继承和创新，才能更好地弘扬民族精神，增强民族凝聚力。历史经验告诉我们，任何一个民族要想屹立于世界民族之林，必须具有自尊、自信、自强的民族意识。文化是维系一个民族生存和发展的强大动力。一个民族的存在依赖文化，文化的解体就是一个民族的消亡。

　　随着我国综合国力的日益强大，广大民众对重塑民族自尊心和自豪感的愿望日益迫切。作为民族大家庭中的一员，将源远流长、博大精深的中国文化继承并传播给广大群众，特别是青年一代，是我们出版人义不容辞的责任。

　　《中国文化知识读本》是由吉林出版集团有限责任公司和吉林文史出版社组织国内知名专家学者编写的一套旨在传播中华五千年优秀传统文化，提高全民文化修养的大型知识读本。该书在深入挖掘和整理中华优秀传统文化成果的同时，结合社会发展，注入了时代精神。书中优美生动的文字、简明通俗的语言、图文并茂的形式，把中国文化中的物态文化、制度文化、行为文化、精神文化等知识要点全面展示给读者。点点滴滴的文化知识仿佛颗颗繁星，组成了灿烂辉煌的中国文化的天穹。

　　希望本书能为弘扬中华五千年优秀传统文化、增强各民族团结、构建社会主义和谐社会尽一份绵薄之力，也坚信我们的中华民族一定能够早日实现伟大复兴！

目录

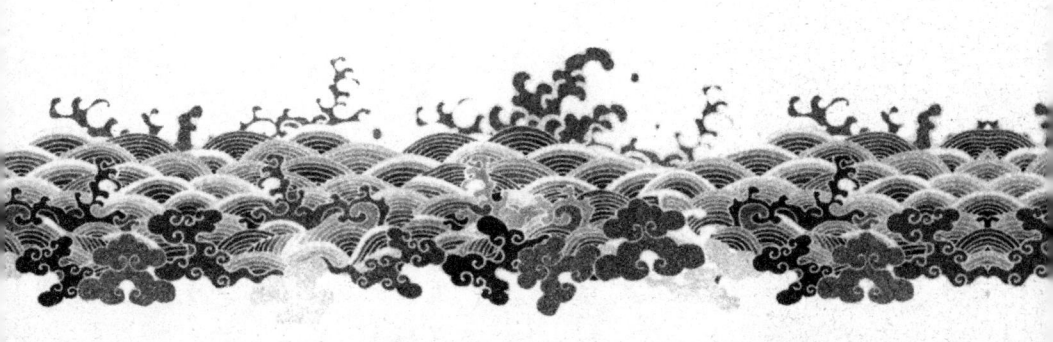

一　神奇土地　历史名城⋯⋯001

二　文化遗产　绮丽非凡⋯⋯017

三　美食飘香　品味独特⋯⋯035

四　精美工艺　特色产品⋯⋯047

五　风俗文化　神秘灿烂⋯⋯053

六　精美服饰　『披星戴月』⋯⋯073

七　建筑奇特　异域风情⋯⋯083

八　风景名胜　旖旎无限⋯⋯089

九　束河迪庆　精彩纷呈⋯⋯097

一 神奇土地 历史名城

云南丽江古城风光秀美

丽江地处金沙江上游，这里历史悠久，风光秀美，自然环境雄伟，是古代羌人的后裔纳西族的故乡。丽江市古城区是举世罕见的拥有三项世界遗产（丽江古城为世界文化遗产，"三江并流"为世界自然遗产，东巴典籍文献为世界记忆遗产）的地方。

具有800多年历史的丽江古城，位于云南省西北部横断山脉向云贵高原的过渡地带，区政府所在地海拔2400米，属低纬高原季风气候，年均气温12.6℃，年均降雨量950毫米，雨量丰沛，夏无酷暑，冬无严寒，四季如春，气候宜人。全区面积1255.4平方千米，

小桥，流水，人家

云南丽江古城一景

下辖大研、金山、七河、金江、龙山、大东等6个乡镇53个村（居）委会。丽江自古以来就是一个多民族聚居的地方，共有12个世居少数民族，古城区总人口有14.2万人，有纳西、汉、白、藏、彝、普米等民族，其中纳西族人口有8.6万人，占总人口的60%左右。

丽江古城位于中国西南部云南省的丽江市，丽江古城又名大研镇，它由大研、白沙、束河三部分组成，大研古城是它们的集中代表。《明史·云南土司传》则言"云南诸土官知诗书，好礼守义，以丽江

神奇土地 历史名城

云南丽江黑龙潭公园一景

云南丽江大研古城

丽江古城

云南丽江大研古城四合院民居

木氏为首",明代始有"大研厢"之称,清代称为"大研里",民国始称"大研镇"至今。"大研"一名,源于纳西族木氏土司先祖营建的"大叶场",因古城所在的台地形似大砚台,城西南又有神圣的文笔山,明代纳西土司木生白便取其巨笔大砚、文脉旺盛、地灵人杰之吉祥寓意而取古城之名曰"大砚",古音"砚""研"相通,因此后来就写成了"大研",故而得名"大研镇"。

丽江古城是中国历史文化名城之一,也是国家重点风景名胜区。与同为国家第二批历史文化名城的四川阆中、山西平遥、安徽歙县并称为"保存最为完好的四大古城"。丽江古城的纳西名称叫"巩本知",

云南丽江古城茶马古道

"巩本"为仓廪,"知"即集市,可知丽江古城曾是仓廪集散之地。这里地处滇、川、藏交通要道,北连迪庆藏族自治州,南接大理白族自治州,西邻怒江傈僳族自治州,东与四川凉山彝族自治州和攀枝花市接壤。是南方丝绸之路和"茶马古道"的重镇及军事战略要地。战国时属秦国蜀郡。汉属越郡。三国蜀时属云南郡。南朝时为遂段县,大约在此时纳西族先民迁徙于此。唐时曾为姚州都督府地,后为吐蕃、南诏地,称桑川,属剑川节度。宋为大理善巨郡地,开始建城,忽必烈南征大理,以革囊渡金沙江后曾在此驻兵操练,现存有著名的"阿营"遗址,当时居民已有千余户,元至元十三年改为丽江路,丽江之名始于此时,以依傍于丽江(金沙江古名)湾而得名。由此开始,直至清初的近五百年里,丽江地区皆为中央王朝管辖下的纳西族木氏先祖及木氏土司(1382年设立)世袭统治。明末日渐繁荣,本地土司木氏所营造的宫室非常华美,曾遍游云南的明代地理学家徐霞客(1587—1641年)在游记中谓其"宫室之丽,拟于王者",而丽江府"富冠诸土郡"。在《滇游日记》中描述当时丽江城"居庐骈居,荣坡带谷""民房群落,瓦屋栉比",明末古城居民达千余户,可见城镇营建已颇具规模。清代为丽江府。雍正元年(1723年),改土归流,

民房群落,瓦屋栉比

结束了元代以来木氏土司的世袭统治。乾隆三十五年（1770年），置丽江县，1961年成立丽江纳西族自治县。

　　长期的民族融合、多种文化的交融、悠久的历史积淀，使得当地人丁兴旺，很快就成为远近闻名的集市和重镇。形成了独具特色的以纳西文化为代表的民族文化。境内名胜古迹随处可见，自然景观多姿多彩，民族文化璀璨夺目。探寻它的过去，人们发现这片曾被遗忘的"古纳西王国"，自远古以来就有人类生息繁衍。今日的主人纳西民族，则是古代南迁羌人的后裔。在千百年的悠长岁月里，他们辛勤劳作，筑起了自己美

云南丽江古城四方街的纳西族人

好的家园。古城现有居民6200多户,其中,纳西族占总人口的绝大多数,有30%的居民仍在从事以铜银器制作、皮毛皮革、纺织、酿造业为主的传统手工业和商业活动。

丽江古城是中国历史文化名城中唯一没有城墙的古城,据说是因为丽江世袭统治者姓木,筑城势必如"木"字加框而成

丽江古城是中国历史文化名城中唯一没有城墙的古城

古石桥与河水、绿树、古巷、古屋相依相映，极具意韵

"困"字之故。光滑洁净的青石板路、完全用手工建造的土木结构的房屋、无处不在的小桥流水。三百多座古石桥与河水、绿树、古巷、古屋相依相映，极具高原水乡古树、小桥、流水、人家的美学意韵，被誉为"东方威尼斯""高原姑苏"。丽江古城选址独特，充分利用了周围的自然环境，它北依象山、金虹山，西枕猴子山，东面和南面与开阔的坪坝自然相连，既避开了来自西北的寒风，又朝向东南光源，形成了坐靠西北，放眼东南的整体格局。

丽江古城在建筑布局上未受"方九里，旁三门，国中九经九纬，经途九轨"

云南丽江古城夜景

"城依水存,水随城在"是丽江古
城的建筑风格

神奇土地 历史名城

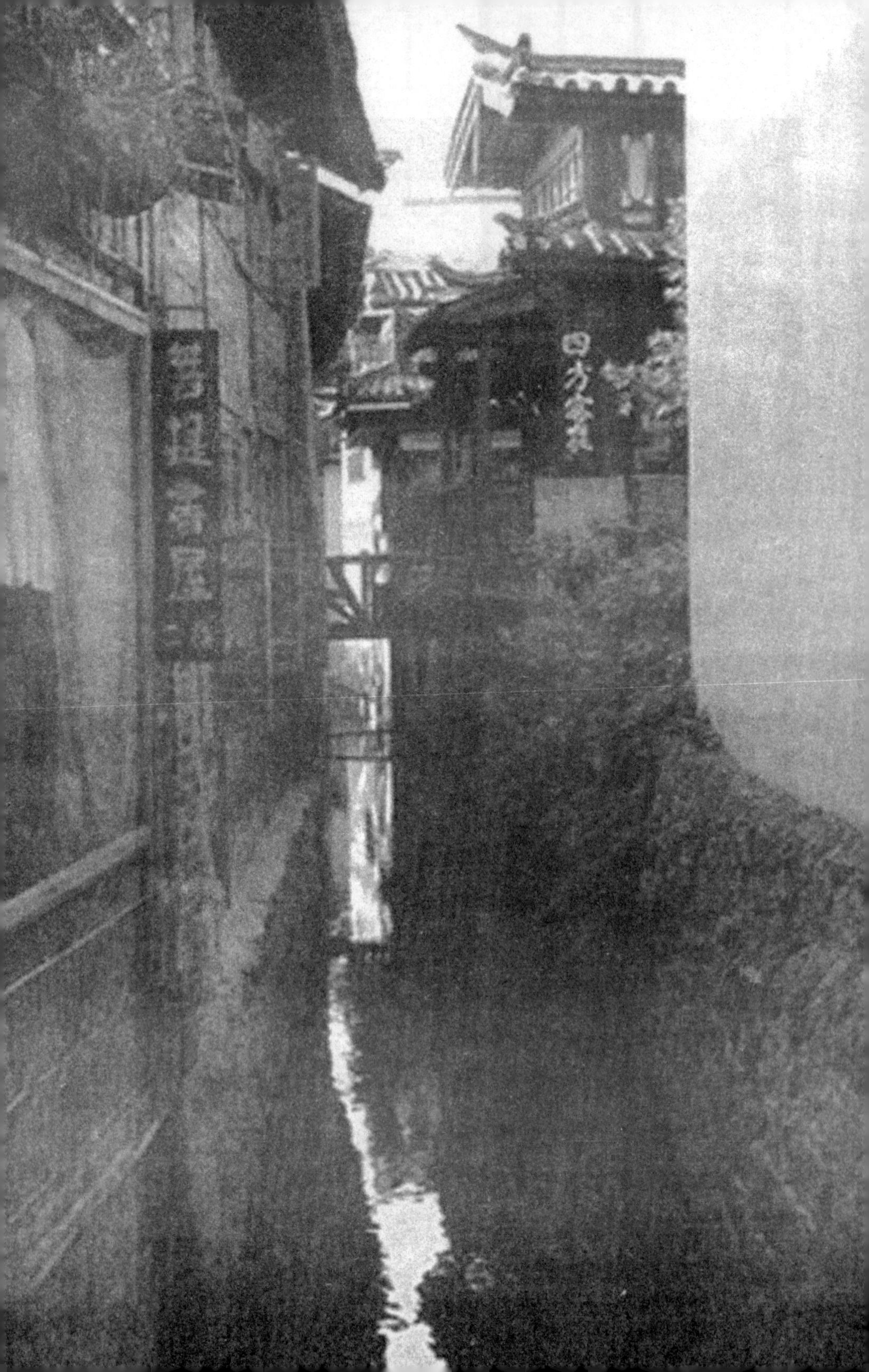
四方

的中原建城礼制的影响。"城依水存，水随城在"是它最大的特色。丽江古城内的街道皆依山傍水而建，铺的大多是红色角砾岩，雨季不会泥泞，旱季也不会飞灰，石上花纹自然雅致，与整个古城环境相得益彰。位于古城中心的四方街是丽江古城的中心，位于古城与新城交界处的大水车是丽江古城的标志。在丽江古城区内的玉河水系上，修建有桥梁354座，其密度为每平方千米93座。桥梁的形制多种多样，较著名的有锁翠桥、大石桥、万千桥、南门桥、马鞍桥、仁寿桥，均修建于明清时期（14—19世纪）。其中以位于四方街以东100米的大石桥最具特色。古城内的木府原为丽江世袭土司木氏的衙署，始建于元代（1271—1368年），1998年重建后改为古城博物院。木府占地46亩，府内有大小房间共162间。其内还悬挂有历代皇帝钦赐的匾额十一块，它们见证了木氏家族的盛衰历史。位于城内福国寺的五凤楼始建于明代万历二十九年（1601年），楼高20米。因其建筑形制酷似五只飞来的彩凤，故名"五凤楼"。五凤楼融合了汉、藏、纳西等民族的建筑艺术风格，是中国古代建筑中的稀世珍宝和典型范例。白沙民居建筑群位于丽江古城以北8公里处，

丽江古城区有桥梁几百座，形制多样

白沙民居建筑

这里曾是宋元时期（10—14世纪）丽江地区政治、经济、文化的中心。白沙民居建筑群分布在一条南北走向的主轴上，中心为一梯形广场，一股泉水由北面引入广场，四条巷道从广场通向四方，极具特色。白沙民居建筑群的形成和发展为后来丽江古城的布局奠定了基础。束河民居建筑群位于丽江古城西北4公里处，是丽江古城周边的一个小集市，建筑群内民居房舍错落有致，布局形制与丽江古城四方街相似。青龙河自建筑群的中央穿过，建于明代（1368—1644年）的青龙桥横跨其上，青龙桥是丽江境内最大的石拱桥。

云南丽江古城的木楼

丽江古城集市

神奇土地 历史名城

丽江古城四方街

丽江古城历史悠久，古朴自然。城市布局错落有致，既具有山城风貌，又富于水乡韵味。丽江民居既融和了汉、白、彝、藏各民族精华，又有纳西族的独特风采，是研究中国建筑史、文化史不可多得的重要遗产。丽江古城包容着丰富的民族传统文化，集中体现了纳西民族的兴旺与发展，是研究人类文化发展的重要史料。

二 文化遗产 绮丽非凡

云南丽江古城的小店

丽江古城有四大特色：街净、市荣、风凉、水美。古城傍水而建，街道沿水而设；由主街道延伸出去的数十条小巷，也是顺着支渠划地为基建起来的。街道全用五彩石铺筑，无沙无尘，十分整洁。位于古城中心的四方街是古城最繁华的地方。这个用五花石铺成的约400平方米的露天广场集中了大量摊贩，各种民族工艺品、日常生活用品、古玩等一应俱全。由此辐射出去的街市，是四方街的补充和延伸。其中，新义街以织麻、制革和理发为主，此外，字画、土陶、木雕、服饰也不少；七一街、五一街、新华街的市货也各有特色。古城有自然之风和民俗之风。自然之风纯净清新，沁人肺腑，拂面则撩人襟怀；民俗之风质朴古雅，使人心灵得到陶冶，灵魂获得净化。纳西人待人诚恳、热情好客、嗜墨善文、爱好音乐。古老的东巴文形象生动，显示了纳西文明顽强的生命力；纳西古乐则蕴涵着典雅的唐风宋韵，令人灵思飞扬、幽情顿起。

（一）古街

丽江街道依山势而建，顺水流而设，以红色角砾岩（五花石）铺就，雨季不泥泞、旱季不飞灰，明代土司开挖西河，利

用西高于东的地势，人工控制活动石板，定时引西河水入中河，并冲洗五花石铺成的街面，保持城市的清洁干净。到了清代，又开挖东河，把中河水东引入城。这样，三水入城，穿街过巷，又分为无数小渠，与潭泉相连，形成密如蛛网的水系，布满金城。才有"家家门前流活水，户户垂柳拂屋檐"的景观。四方街是丽江古街的代

家家门前流活水，户户垂柳拂屋檐

表,是大研镇的中心,面积为15000平方米,据说这是模拟"知府大印"的形状,象征着"权镇四方",又称因西宽东窄,像一具棺材,喻有"木官木才"之意。四方街同时也是滇西北地区的集贸和商业中心。

据《丽江府志略》记载,四方街:"环市列肆,日中为市,名曰坐街,午聚酉散,无日不集,四乡男妇偕来。商贾之贩中甸者,必止于此,以便雇脚转运。"街道两旁店铺鳞次栉比。其西侧的制高点是科贡坊,为风格独特的三层门楼。从四方街四角延伸出四大主街:光义街、七一街、五一街、新华街,每条街道又分出许多小

丽江古城街道两旁的店铺鳞次栉比

赶集的纳西族人

街小巷，街巷相连，四通八达。从而形成以四方街为中心、沿街逐层外延的缜密而又开放的格局。古街上店铺林立，各式商品琳琅满目，尤其是那晶亮闪光的各式铜器及花样翻新、款式新颖的各色皮革时装，吸引着众多的游客。擅长经营买卖的纳西妇女们沉着地讨价还价，一桩桩生意就在她们自信的笑容中作成了。在幽静的深巷里，会不时看到身披七星披肩的纳西老人，或三五成群，玩着一种古老的纸牌游戏，或神态悠闲地在古城中漫步，或独坐在屋檐下，若有所思。在古城幽雅的环境里，人的心境顿时变得舒适而欢愉了。在敞开的院门中，你可以看到纳西人家庭院里那

丽江古城流水密布

争奇斗艳的各式花卉，给你一种"满园春色关不住，一枝红杏出墙来"的感受。

（二）古桥

威尼斯被称为"桥城"。古城丽江跟威尼斯一样，流水密布，在丽江古城区内的玉河水系上，飞架有354座桥梁，其密度为平均每平方公里93座。形式有廊桥（风雨桥）、石拱桥、石板桥、木板桥等。较著名的有锁翠桥、大石桥、万千桥、南门桥、马鞍桥、仁寿桥，这些桥均建于明清时期。它们造形各异，构成了古城一道亮丽的风景线。古城看桥，因水系不同，你会发现各自的特色。中河为最大水系，

丽江古城的青石板路

丽江古城的古石桥

文化遗产 绮丽非凡

丽江大石桥

将古城一分为二，东西两城区的联系和交往，都要跨越中河，所以中河上的桥以坚固厚实为特色，河宽桥大，河长桥多，大多数是古拱桥，西河是人工河，水浅渠窄。所以河上的桥多以简便实用为特色，以木板桥、石板桥居多，在新义街、新华街和光义街一段河上，自成风景。

大石桥为古城众桥之首，位于四方街东向100米，由明代木氏土司所建，因在桥下中河水中可看到玉龙雪山的倒影，所以又名映雪桥。该桥系双孔石拱桥，拱圈用板岩石支砌，桥长10余米，桥宽近4米，桥面用传统的五花石铺砌，坡度平缓，便于两岸往来。

丽江古城古桥众多

七一街万子桥

丽江古城木府

七一街万子桥的石板是由千万颗沙粒凝结而成的，表现了工匠独特的想象和对捐资建桥者的美好祝愿——子孙万千，永远昌盛。

马鞍桥亦名玉带桥，位于木府前的护城河上，为单孔石拱桥，据传大木氏土司模仿当时京城天安门前的金水桥，有拱圈支砌采用整园拱的建造方法，桥宽9米，长3米，打破了一般桥梁纵向大于横向的尺度比例，突出其气派。马鞍桥因地处衙署，所以官气十足。

（三）木府

木府原系丽江世袭土司木氏衙署，"略备于元，盛于明"。"木府"始建于明代，到土司鼎盛期的木增时代，占地面积达百亩，分为衙署区、生活区、花苑区、祭祀区等，有近百座大小建筑。徐霞客曾感叹"宫室之丽，拟于王者"。可惜，大部分建筑毁于清末咸同年间的兵火，只剩光碧楼等零星建筑。1998年春重建，并在府内设立了古城博物院。在城南又恢复重建的丽江木氏土司街门，俗称"木府"，规模宏大，色彩辉煌，既与古城融为一体，又具王府气派，与民居建筑形成鲜明对照。重建的木府占地46亩，坐西向东，沿中轴线依地势建有忠义坊、义门、前议事厅、

四方客栈

万卷楼、护法殿、光碧楼、玉音楼、三清殿、配殿、阁楼、戏台、过街楼、家院、走廊、宫驿等15幢，大小房屋共计162间。衙内挂有明清两代皇帝钦赐的十一块匾额，上书"忠义""诚心报国""辑宁边境"等。有人评价："木府是凝固的丽江古乐，是当代的创世史诗。"

（四）五凤楼

五凤楼原名法云阁，位于黑龙潭公园北端，始建于明万历二十九年（1601年），1983年被列为云南省重点文物保护单位。楼高20米，为层甍三重担结构，地基呈亚字形，楼台三叠，屋担八角，三层共24个飞檐，就像五只彩凤展翅来仪，故

丽江古城五凤楼

丽江古城五凤楼

名五凤楼。全楼共有32棵柱子落地，其中四棵中柱各高12米，柱上部分用斗架手法建成，楼尖为贴金实顶。天花板上绘有太极图、飞天神王、龙凤呈祥等图案，线条流畅、色彩绚丽，具有汉、藏、纳西等民族的建筑艺术风格，是中国古代建筑中的稀世珍宝和典型范例。

（五）白沙民居建筑群

白沙民居建筑群位于大研古城北8公

里处，曾是宋元时期丽江政治、经济、文化的中心。白沙民居建筑群分布在一条南北走向的主轴上，中心有一个梯形广场，四条巷道从广场通向四方。民居铺面沿街设立，一股清泉由北面引入广场，然后融入民居群落，极具特色。白沙民居建筑群的形成和发展为后来丽江大研古城的布局奠定了基础。

（六）束河民居建筑群

束河民居建筑群在丽江古城西北4公里处，是丽江古城周边的一个小集市。束河依山傍水，民居房舍错落有致。街头有一潭泉水，称为"九鼎龙潭"，又称"龙泉"。

束河民居建筑群

白沙壁画所在地

青龙河从束河村中央穿过,建于明代的青龙桥横跨其上。青龙桥高4米、宽4.5米、长23米,是丽江境内最大的一座石拱桥。桥东侧建有长32米、宽27米的四方广场,形制与丽江古城四方街相似,同样可以引水洗街。

（七）白沙壁画

从丽江县城的新大街,朝着北面玉龙山而至17公里处的白沙街,右转百十步,便到了丽江壁画的所在地——琉璃殿和大宝积宫。这些壁画是明代领主经济繁荣的产物,是纳西族吸收其他民族文化,发展本民族文化的结晶。这些壁画分布在白沙、大研镇、束河、中海、漾西、雪嵩等村镇

白沙大宝积宫壁画

的十多处寺庙中，壁画创作于明代洪武至万历年间，总面积为13922平方米，壁画共有55幅，其中最大一幅在大宝积宫内，共画人物100尊，布局自然合理，人物栩栩如生，千姿百态。据纳西族书画家和在瑞调查研究，束河大觉宫现存正殿西壁六幅壁画是道教、佛教的合制品，出于汉族画家手笔，用笔精细流畅，人物性格鲜明，生动自然。

白沙的大宝积宫壁画被认为是"丽江壁画"的中心，保存得比较完整，大宝积宫的壁画没有作者署名。据研究，它是明代画家在数百年间的群体创作中不断形成的，是纳西、藏、白、汉等民

白沙大宝积宫壁画《二十八星宿》

白沙大宝积宫壁画

白沙大宝积宫壁画《无量寿如来会》（局部）

族画风融为一体的艺术结晶。如现存于丽江白沙村大宝积宫的大型壁画（《无量寿如来会》，便将汉传佛教、藏传佛教和道教的百尊神佛像绘在一起，反映了纳西族宗教文化的特点。丽江壁画珍贵之处还在于汉、藏、纳西族画家在制作中，采取了一定的写实手法，突破了宗教题材的局限，反映了当时纳西族社会的一些生产和生活情况，如乐舞、屠猪、木作、纺织、钓鱼、打铁、砍柴，以及官吏、差役、罪犯、刽子手、旅行人等的画像，其他如奔驰的骏马、展翅的孔雀、盛开的荷花、牡丹、山茶、梅花等，也都非常生动逼真。

三 美食飘香 品味独特

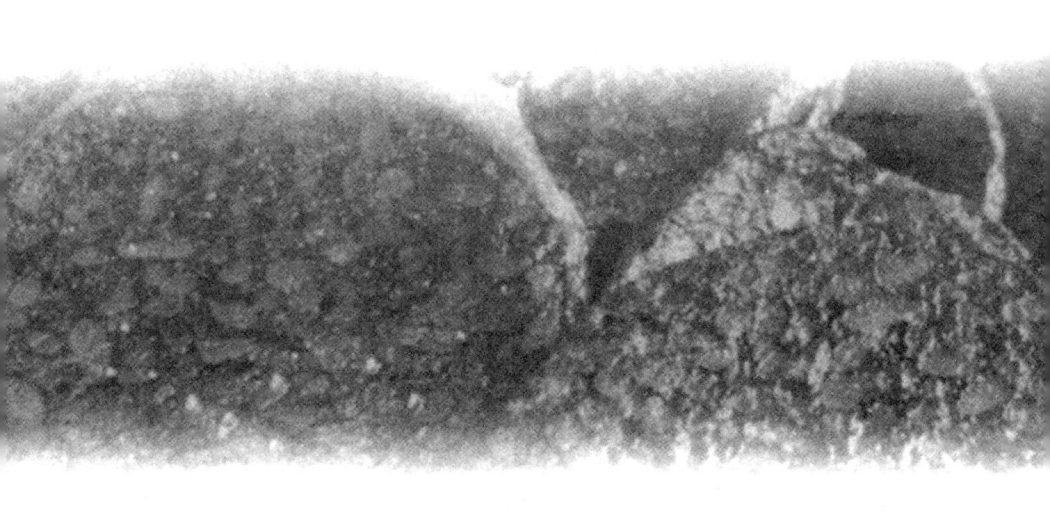

丽江粑粑

纳西族人主食以小麦、玉米和大米为主，加工制成米饭、馒头、粑粑等花样，尤以粑粑闻名。

"丽江粑粑"是纳西族独具特色的风味食品，有着悠久的历史，其制作的主要原料是当地的精麦面，再加上火腿、猪化油、糖等作料，将其调匀，揉制成层，做成大约盘子、厚约寸余的圆饼，再以平底锅文火烤熟，即可制成。在古城四方街，有许多专营丽江粑粑的铺子，多为成年女子经营，她们有着娴熟的技巧和精湛的手艺，生意红火，顾客盈门。丽江粑粑分为成甜两类，可以根据各自口味任意选用。其色泽金黄，香味扑鼻，吃起来酥脆可口，甜味粑粑受到很多青少年朋友的喜爱，而成的却受到成年人的喜爱。丽江粑粑不仅味美好吃，而且还不易变质变味，做好后放置数天，也不会发霉，是人们旅行中难得的干粮，也是馈送外地亲友的佳品。

"丽江凉粉"是丽江当地传统小吃。它味鲜美、韧性好，可口、价廉。原料主要有鸡豌豆、韭菜、绿豆芽、花椒油、油辣子、炒火麻子面、醋、酱油、姜汁、蒜泥、香油、盐等。制时先将鸡豌豆用冷水泡一夜，待豆泡软后磨成糊状，滤渣后将浆煮沸，再放进少许生姜或小粉搅拌，煮

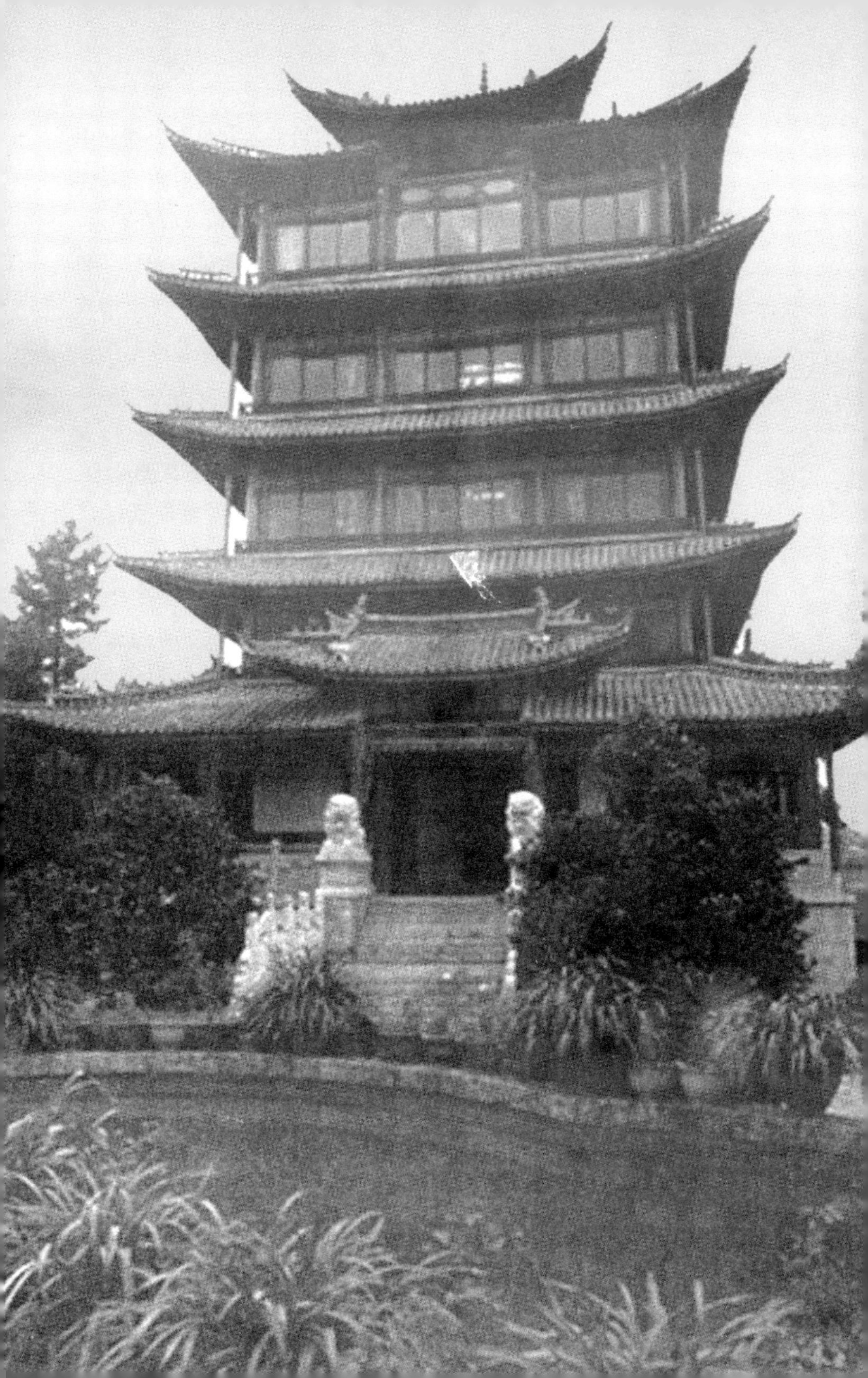

成糊状黑色,这时再盛入盆盘之类器皿中使其冷却,即可成为凉粉。吃时将凉粉切成铜钱厚,1厘米左右宽的长条放在碗内,然后加上事先制作好的凉韭菜、绿豆芽和各种作料,调料拌匀即可食用。冬天切成块用锅煎黄、热食。还可做凉粉炒韭菜、炒腌菜等多道菜肴。

"米灌肠",纳西语称为"麻补",由糯米或饭米、鲜猪血、猪大肠、姜末、五香粉、食盐、味精等灌制而成,煮制成品后,煎食味道绝佳,外焦里脆,香糯可口,贮藏时间较长,在冬季贮存一个月都不变味,是一道纳西族的传统美味。

米灌肠

"吹猪肝"是纳西族请客时必备的一道传统名菜。它制法特殊，色美爽口。主料猪肝配以芫荽、炒花生米、盐、醋、油辣子、芝麻等拌在一起。吹猪肝是要在农历冬腊月，将鲜猪肝吹膨胀后晒干。制作时先将猪肝煮熟，待冷却后切成薄片拌上上述配料、作料，拌匀就可作盘菜食用了。

"岩巴玖"即鸡炖豆腐，是纳西族传统佳肴，清香、鲜嫩、色美。原料有土鸡、火腿、豆腐、葱、姜、盐、味精、辣子等，制作时将1公斤左右的一只鸡、200克火腿（无火腿可用腌肉），切成块加水、生姜、盐适量，炖熟后，再加进成块的豆腐，用

岩巴玖

火腿粑粑

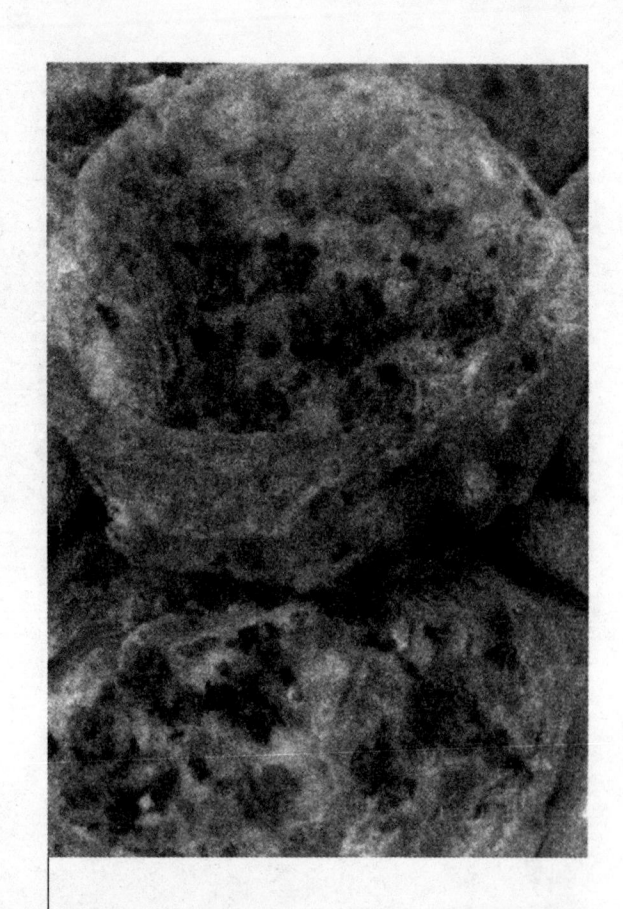

丽江米线

纳西火锅

小火炖15—20分钟，就成"岩巴玖"了。

"米线"，古城中心的四方街是有名的小吃一条街，短短窄窄的街道两侧排列了数十家小餐馆，基本上每家餐馆都有云南特有的米线，种类有砂锅米线、煮米线，因此这条街又有"丽江米线街"之称。

"纳西火锅"，纳西火锅为铜制火锅，这种火锅工艺精美，是纳西族人家喜爱的器皿。"纳西火锅"是纳西人在寒冷的季节待客和春游野餐的佳肴。"火锅"原料主要有猪排骨、瘦肉、酥肉、马铃薯、黄豆芽、茨菇、胡萝卜、芋头、大韭菜根、白菜帮、青菜帮、粉丝、粉皮、豆腐等十

纳西火锅

多种，还有生姜、草果等作料。制作方法是先将马铃薯、芋头、胡萝卜、茨菇、大韭菜根分层放入火锅，然后放入排骨和排骨汤，燃起火锅煮至菜肴稍熟，再加浸泡过的粉丝、粉皮、青菜（稍煮过的）、豆腐、瘦肉片、酥肉等，一刻钟后即可上桌。

纳西族先民爱饮酒。东巴经书《耳子命》，是一部农业生产劳动的颂歌。长诗的第一部分，就描写了种麦、酿酒的全过程。说明纳西族在很早的古代就会酿酒。明代土司曾作诗"官家春会与民同，土酿鹅杆节节通"。句中的土酿就是指家酿的纳西酒，常见的是泡有藏

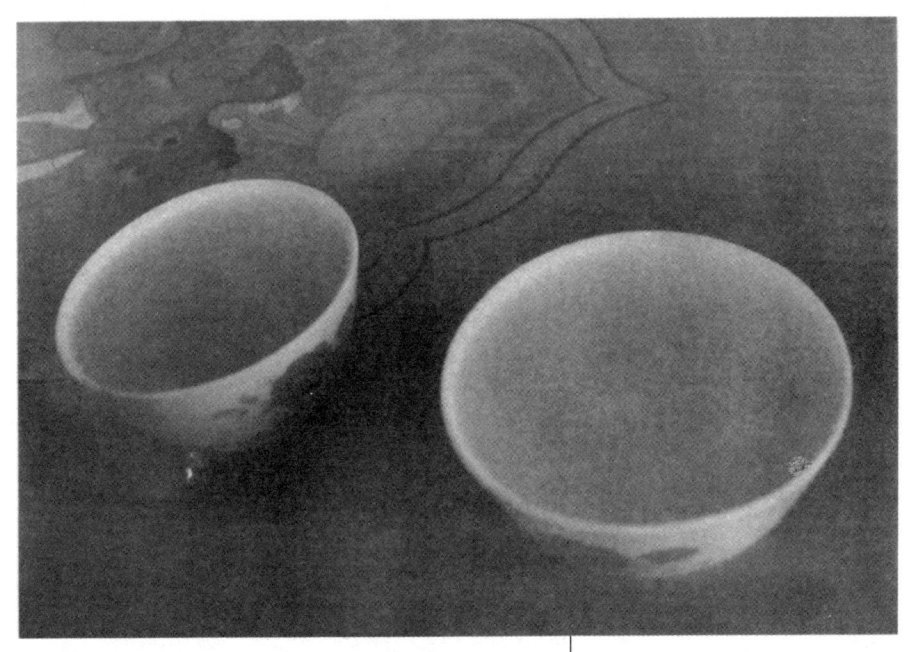

青稞酒

红花和雪莲的青稞酒。一般是散装的，酒精浓度约50度左右。还有一种名字很奇特的酒叫咣当酒，入口醇厚微辣，也许是酒劲较大吧，喝了就"咣当"倒下了。除烈性酒外，还有一些米酒、泡梅子酒等，都是热情的纳西人家待客时不可或缺之物。纳西族现在常饮的酒有白酒、黄酒、窨酒等，尤以窨酒出名，曾获中国首届黄酒节二等奖、全国旅游饮品优质奖。窨酒呈琥珀色，透明，味甘醇清香，酒精浓度为20度，含15％葡萄糖及多种脂肪酸化合物，多种氨基酸和维生素，有良好的滋补作用。窨酒用大麦、小麦、高粱等粮食和特殊的丽江酒曲，加上玉

纳西窨酒

龙山下的泉水酿制而成,酿好后入窖储存一定时间才算珍品。由于纳西族人好酒爱酒,甚至纳西族歌手肖煜光还创作出了一首叫《纳西酒歌》的歌曲。

四 精美工艺 特色产品

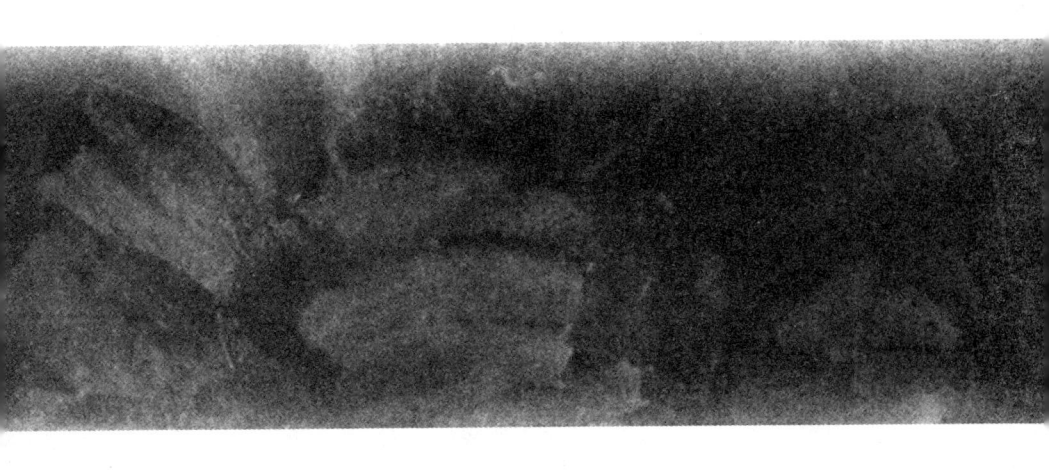

琵琶肉

猪膘肉：为宁蒗泸沽湖周围的摩梭人和普米族人独特的腌肉制品，因其形如琵琶，又名"琵琶肉"。猪膘久存而不腐，存放时间越长，其肉味越清香，是泸沽湖畔各族人民送礼和待客的佳品。

小凉山苹果：有"小凉山"之誉的宁蒗县，境内气候温暖，阳光充足，非常适宜苹果生长。小凉山苹果色鲜、个大、味甘、多汁，享誉省内外。其中尤以"金帅""红冠""红元帅"等几个品种为上品。

螺旋藻：丽江程海是世界上三大生长螺旋藻的湖泊之一，而且生长的钝顶螺旋藻是最为优良的品种，螺旋藻所含的成分使其具有保健和医疗双重功效。在丽江街

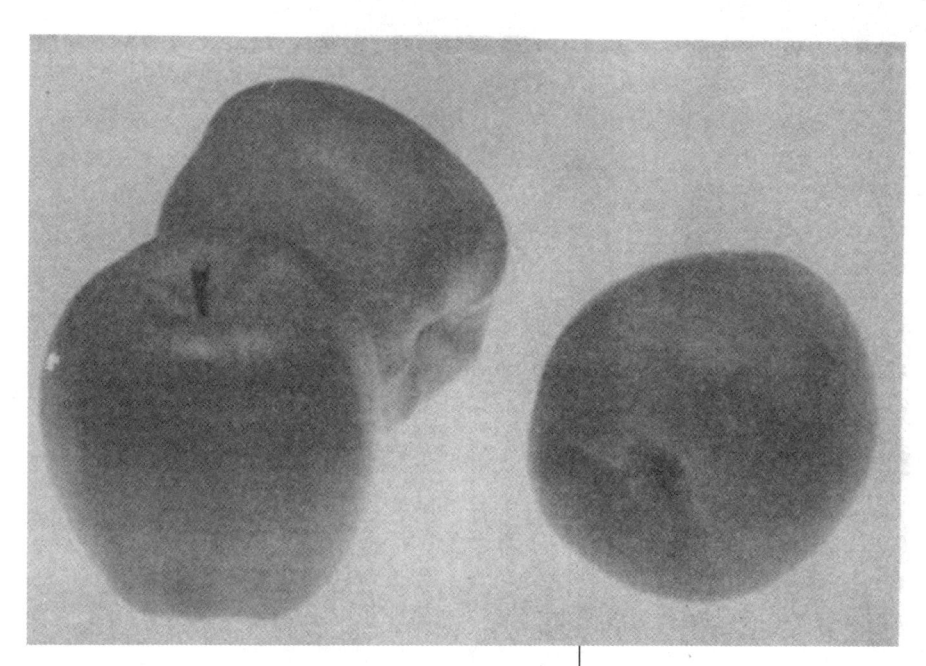

小凉山苹果

头会看到很多加入螺旋藻后加工而成的食品，如面条、饼干等。

苏里玛酒：这是一种度数低、味道清香酸甜的饮料，宁蒗摩梭人和普米族称其为"酥哩嘛酒"。此酒色浅黄，内含氨基酸、碳水化合物、维他命等多种营养物质。

雪茶：一种空心草芽状的地衣类茶科植物，生长在海拔4000米以上地区，因洁白如雪而得名。雪茶性凉，味甘苦，具有生津止渴、清热解毒、平肝降火、滋阴润肺、降脂降压等药用价值，可单独用开水泡饮，也可与茶叶、菊花、甘草等同泡。

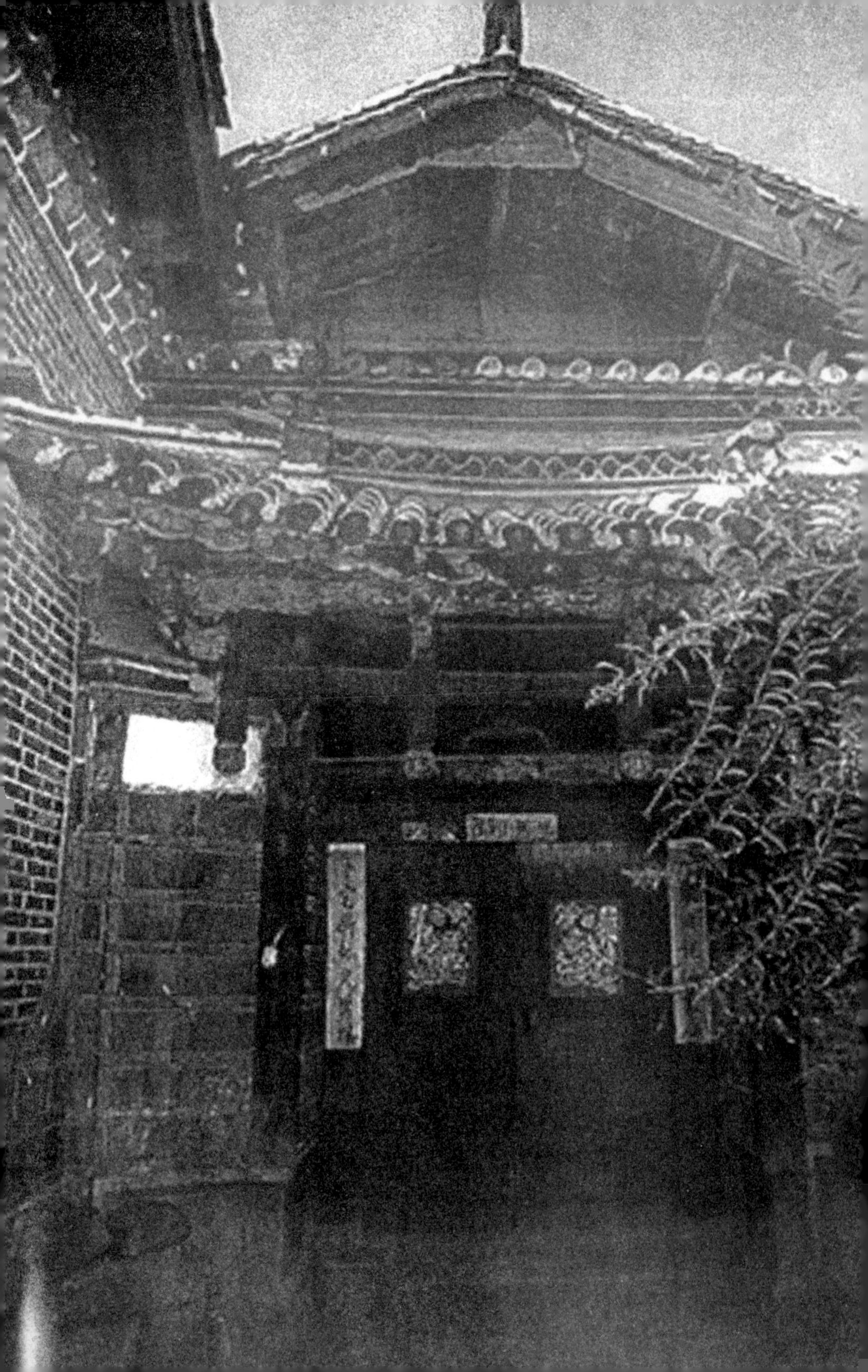

窨酒：据说伊丽莎白女王出访中国时，在国宴上点的就是丽江的窨酒。窨酒属黄酒类低度酒，早在明代就已形成了独特的酿造工艺。

东巴扎染：到丽江一定要买的就是东巴扎染，它借鉴了白族扎染和苗族腊染工艺，加入东巴文化的元素，东巴文的象形性和民间工艺结合在一起，使得东巴扎染具有了独特的审美价值和装饰性。买一块东巴扎染做成的布挂，美观和实用兼具。

纳西壁画：喜欢收藏壁画的朋友，建议购买当地的纳西壁画，非常值得珍藏，搁置在桌面做摆设，效果很不错。

纳西大鹏神鸟壁画

东巴挂毯：系丽江毛纺厂的工艺产品，它采用当地优质的细羊毛，精编细织而成，图案为黑色羊毛绘制，以纳西古老的东巴字画和富有吉祥美好寓意的图案构成。

土布：过去因交通不便，纳西人过着自给自足的生活，他们所织的土布色彩丰富、质朴、富于变化。丽江古城里有很多专门出售土布的商店，有的还代客加工成他们所希望的款式，如上衣、裙子、帽子等。

布农铃：是一种极富特色、形状如同

布农铃

马帮马铃的挂件。这种马帮文化商品,系店主人自己设计的,纯手工制作。精致小巧的青铜铃铛下系有一块圆形木块,手绘有各种各样的画。

五 风俗文化 神秘灿烂

丽江男人一生有三件大事：盖房子、娶媳妇、晒太阳。丽江男人对种花、养鸟、写字、画画、打麻将有着特别的嗜好，男人擅长一切在院内的活动，除此之外，他们最爱的一项户外活动便是做客，而纳西女人一年当中只有在大年初一才能睡一天的懒觉。纳西女人从早到晚干活，从体力活到小生意，从收拾田地到杀猪，从缝补衣服到生火做饭，个个像下凡的仙女，而男人们则闲了下来。纳西族人才辈出，不能不说是纳西族女人养育出了纳西文化。

纳西女子十分勤劳

丽江大研纳西古乐会

（一）纳西古乐

纳西古乐是古城文化的灵魂与象征，是丽江古城一道典雅的风景。被称为"中国音乐的活化石"。在演奏技法和曲子处理上因融入了纳西族风格，所以被称为"纳西古乐"。

纳西古乐是唐宋以来的一些词牌和曲牌音乐，除广泛流传于民间的诗歌舞三者合一的"温麦达""阿热热""三多舞"等曲调外，还有古典的大型乐曲《白沙细乐》和《丽江古乐》。乐器有横笛、竖笛、芦笛、琵琶、筝、瑟、云锣、二黄、南胡、中胡、大胡、三弦、木点、铃、海螺、鼓、苏古杜、唢呐、口弦、长号、钹、芦笙等，

丽江纳西古乐会

其中有很多是从内地传入的。

"丽江古乐"来源于汉族的洞经音乐和皇经音乐，相传在洪武年间（1368年）以后，这种音乐就陆续地传到了丽江。但自传至丽江后被广泛地传播开来，在乡村及小镇随处都能听到这美妙的声音。当你享受这种音乐时，有"古乐玉笛暗飞声，散入春风满古城"之感。目前保留下来的只有来源于洞经音乐的那部分。传闻原有汉族经文配唱，传到纳西族民间后，逐渐变为单纯的乐曲。整个乐曲分为"神州"和"华通"两个大调，并根据不同内容分为五十多个小调。经常演奏的有清河老人、小白梅、水龙吟、山坡羊、万年欢、吉祥、八卦、步步骄、到春来、到夏来、到秋来、到冬来、浪淘沙、十供养等二十多个小调。由于这套乐曲长期在纳西族地区广泛演奏，在流传中逐步融合了纳西族的格调，如有些乐器在演奏时加进了大跳跃的装饰音和音程很大的滑音和颤音，冲淡了汉族原有的清秀、典雅的丝竹乐风，变为粗犷有力，富有浓厚民族色彩的乐曲了。

纳西古乐中，最著名的是大型组曲"北石细里"，据谐音俗称"别时谢礼"，汉译"白沙细乐"。自20世纪40年代以来，很多音乐史家对"白沙细乐"这套组曲进行了研究，认为它是我国屈指可数的几部

三弦

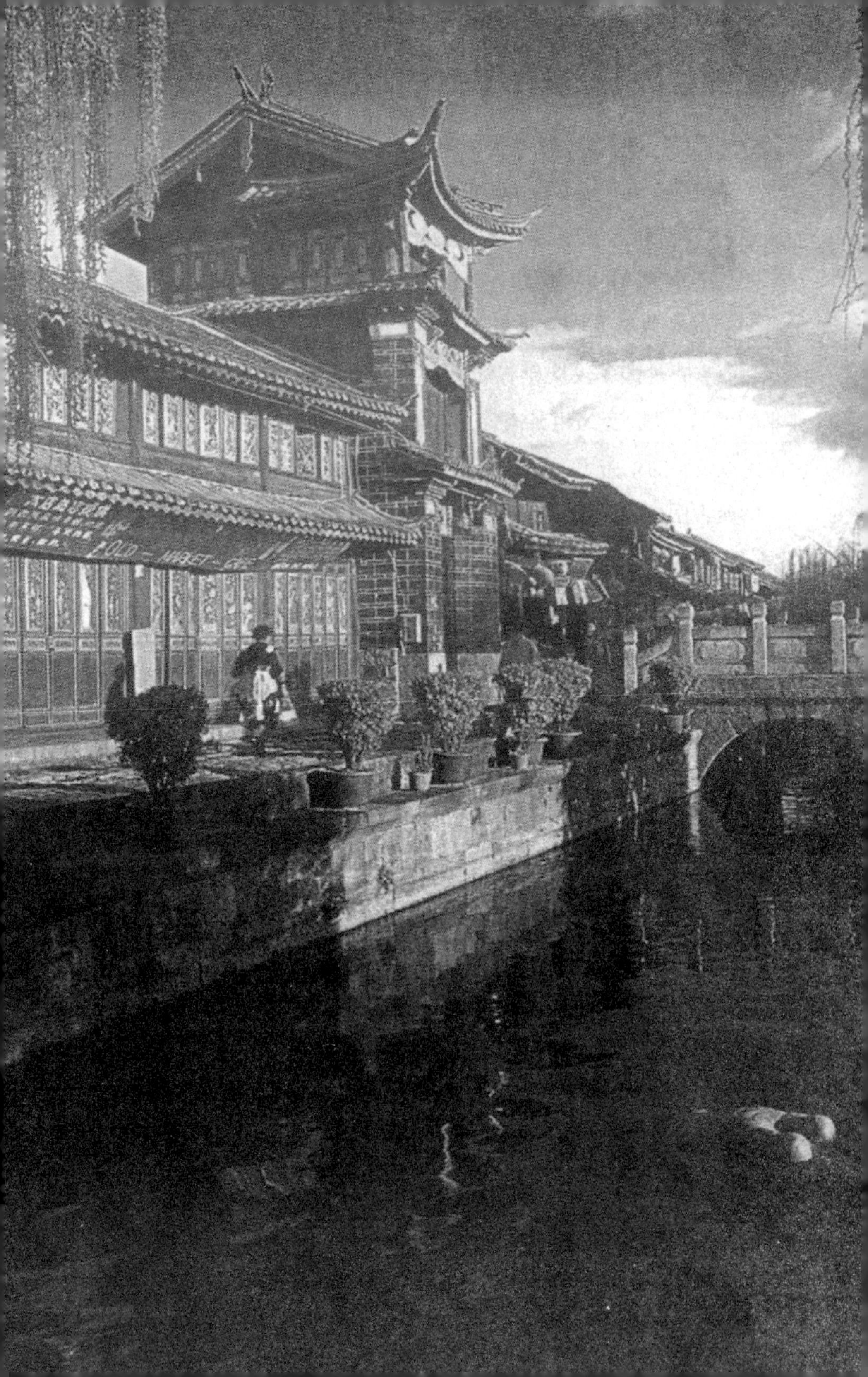
OLD

大型古典管弦乐之一，为歌、舞、乐相结合而成的套曲。其旋律与"和声"的独特是全国仅有的。《白沙细乐》又名《白沙细梨》或《别时谢礼》，全曲分为《序》及《一封书》《三思渠》《美丽的白云》《公主哭》《云雀舞》《赤脚舞》《弓箭舞》《南曲》《北曲》《荔枝花》《哭皇天》等乐章。演奏时乐队人数不固定，以合奏为主，同时伴有歌和舞。乐曲的来由有三种说法。一是相传忽必烈南征大理过丽江时，受到纳西族酋长麦良的欢迎，并协助他征服了邻近地区。离别时忽必烈把部分乐队和一些乐章送给麦良作为纪念。忽必烈回京即位后，曾询问乐队的情况，麦良就将一个未定名的乐章寄给了他。忽必烈回信说这个乐章就叫《一封书》。《一封书》是表现惜别后依恋之情的。第二种说法是，明代纳西将士出征频繁，古乐为纳西人创作的"阵亡将士哀悼曲"。"抗蹉"表现将士弯弓射敌的情景；"挽歌"表达对英烈的追念。全曲守整严谨、繁而有序，展现出古纳西之乡的风情景色，刻画出深沉的人生情味、意境幽远、委婉动人。另一传说是明代木天王想吞并西蕃人住的地区，先把女儿嫁给西蕃王子，之后又把女儿接回丽江，筹划杀害西蕃王子。女儿知悉其父用心后，就写信套在跟随来的狗脖子上，

纳西古乐乐器

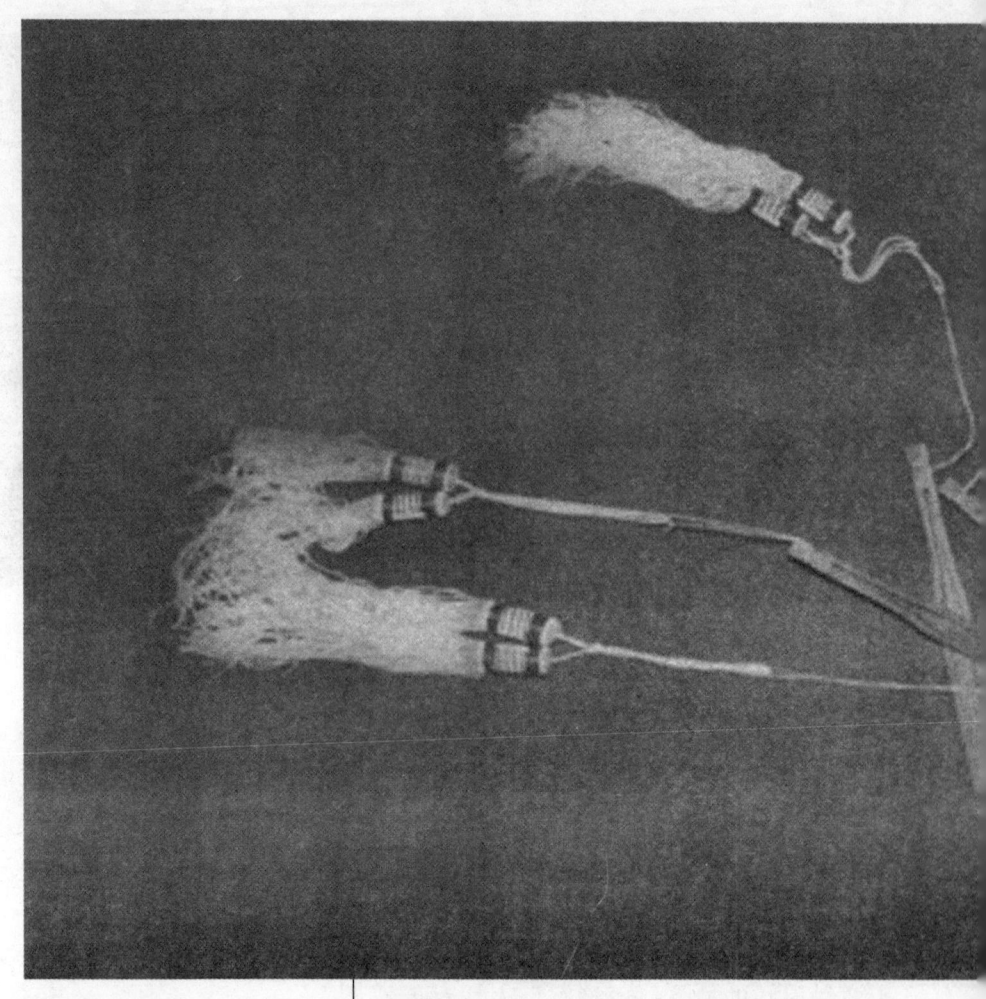

口弦

放它回去告知王子。王子随即带兵攻打木天王,但中了伏兵之计,战死在白沙。木天王便把女儿关在玉湖的龙亭中,活活折磨致死,《一封书》和《公主哭》这两个乐章就是描写这件事的,虽然乐曲的来由和传说解释不一,但其主题是表现人们悲壮激烈、缠绵委婉、哀伤动

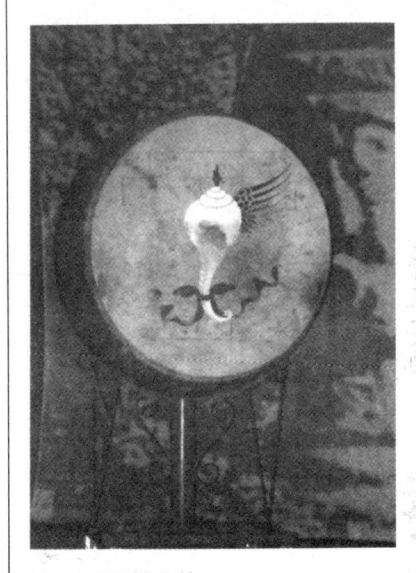

纳西古乐乐器木鼓

人的内在感情的,因而,其中的一些乐章被后人用在办理丧事时演奏,成为风俗音乐。《白沙细乐》的各章之间有内在的联系,但又可独立演奏,《三思渠》《美丽的白云》《云雀舞》等还有唱词和伴舞。《三思渠》由白沙的河渠得名,是表现纳西族在玉龙山下修渠,引水灌

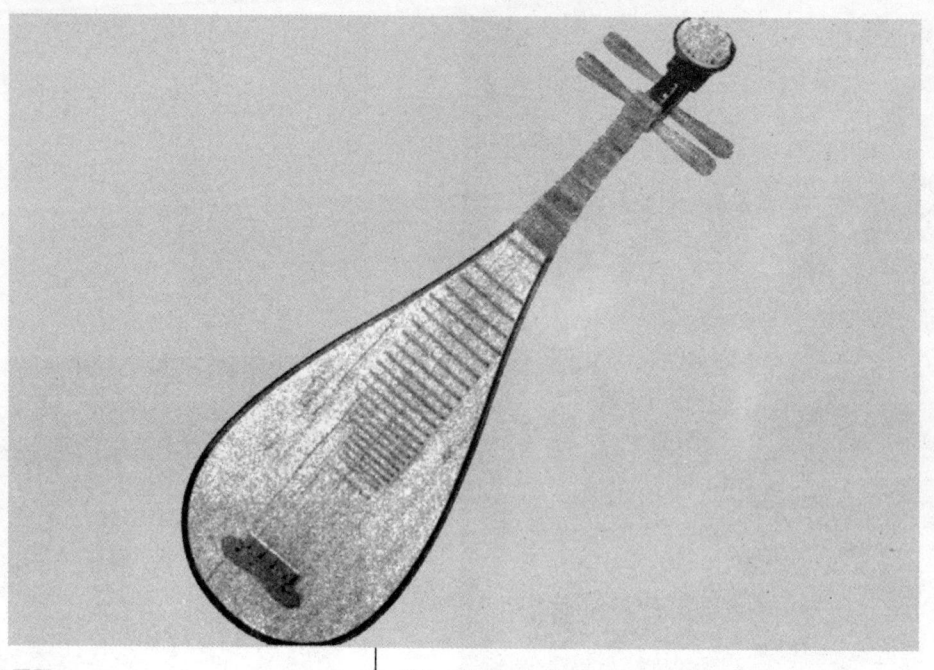

琵琶

溅,获得丰收的劳动赞歌;《美丽的白云》则充满着高原生活的气息,演奏这套乐曲的农民要着民族服装,即包头帕,穿长衫,扎细腰带,富有浓厚的民族风味。

纳西古乐被中外学者和广大音乐爱好者称为"音乐活化石""和平之音""仙乐天音"。聆听纳西古乐使人真正感受到"此曲只应天上有,人间能有几回闻"的意境。经过近二十年的弘扬与宣传,纳西古乐已走出国门走向了世界,在世界乐坛上找到了自己应有的位置。1995年大研古乐会出访英国时引起轰动;1998年5月受挪威国王的邀请,在挪威国庆节上隆重演出;之后,相继前往法国、比利时、

节日里的纳西族青年男女

纳西族男子演奏乐器

风俗文化 神秘灿烂

瑞典、美国等国家演出，受到了热烈欢迎和高度评价。纳西古乐以其独特的艺术魅力放射出灿烂的光辉，日益为世界所认识和青睐。

（二）东巴文化

丽江文化以开放、大方、兼容并蓄为重要特征。纳西族人民长期以来创造并延续保持下来的东巴文化，是世界民族文化史上一朵璀璨的奇葩，是人类共有的文化遗产。大智大慧的纳西先民，在漫长的社会实践和生产劳动中，创造了光辉灿烂的东巴文化。东巴文化以东巴教为载体，以东巴经为主要纪录方式，它是伴随着纳西

丽江东巴神园

东巴文字

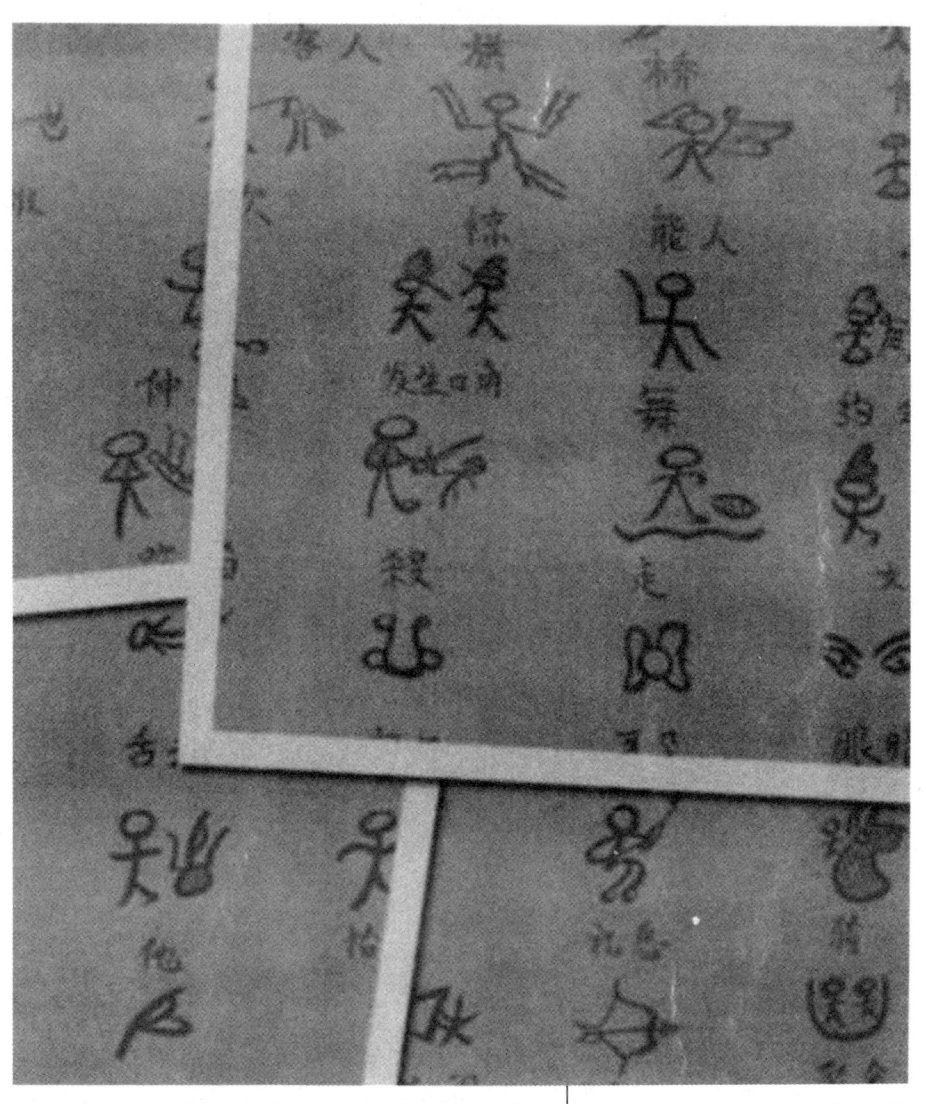

族漫长历史发展逐步形成和演化的活形态文化，约形成于唐宋时期，有近千年的历史。东巴教是纳西族原始宗教，且兼收并蓄其他宗教，笃信万物有灵，为多神教。东巴文是一种兼备表意和表音成分的图画

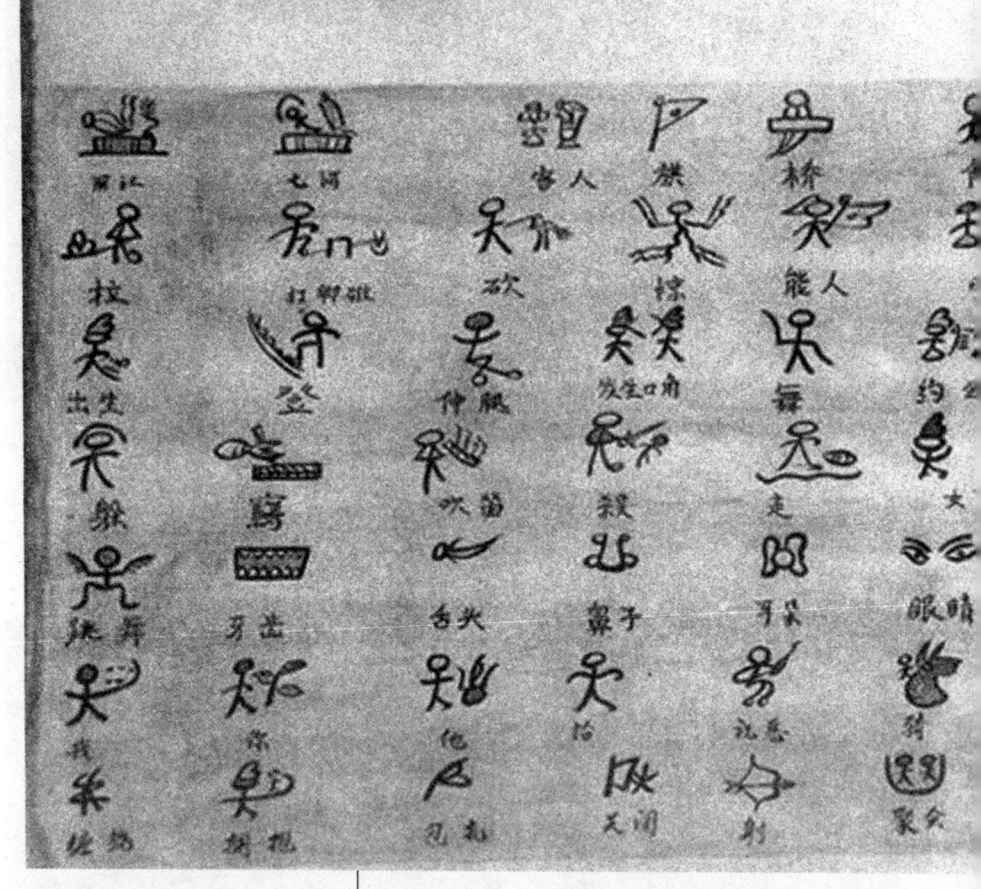

东巴文字被誉为世界上唯一保留完整的"活着的象形文字"

象形文字。纳西象形文字只有1400多个单字,但词语异常丰富,能充分表达细腻的情感,也能记叙说明复杂的万事万物,还能写诗作文章,被誉为世界上唯一保留完整的"活着的象形文字"。用象形文字书写并保留下来的经文共有两万余册。卷帙浩繁的经书,内容丰富多彩。涉含哲学、历史、天文、宗教、巫医、民俗、文学、

艺术等各方面，堪称纳西族古代社会的百科全书。占卜是纳西东巴文化的重要组成部分，至今还传承有羊骨卜、鸡骨卜、海贝卜、巴格卜、星卜、手指卜、左拉卜等数十种占卜法。

东巴文化以其独特的科研价值和艺术价值，几百年来吸引着许多中外学者和有志之士，前来研究翻译和观赏。东巴文化

墙壁上的东巴文纹饰

是纳西族人民对人类文化的伟大贡献。

（三）东巴仪式

纳西族东巴教是纳西族原始宗教向人为宗教过渡的一种宗教。多达三十多种的东巴教仪式是纳西东巴文化的主要载体，即用象形文字记载在东巴经书里的内容通过各种宗教仪式表现出来，并以宗教仪式传承下来。这些仪式力图诠释人与自然和人与社会的矛盾，与纳西族先民生产生活息息相关，蕴藏着丰富的文化内涵。其中祭天、祭风、祭署、祭丁巴什罗等是比较具有代表性的仪式。

祭天，是纳西族最为重要的祭祀仪式，纳西人自称纳西祭天大，纳西是祭天的民族。每年春秋两季分别以家族或家庭为单位在固定的祭天场举行。在祭天场中央竖立两棵黄栗树和一棵柏树，分别代表天父、天母和天舅，祭树下插大香、置供品，献牺牲。由东巴祭司诵念东巴经《崇搬图》，缅怀祖先、歌颂英雄、赞美创造、用来传递历史渊源，加强民族团结，祈求风调雨顺，天下太平。

祭风，纳西语称为"海拉里肯"，目的在于超度殉情自杀和战争灾祸等非正常死亡者的亡灵。纳西族相信人死灵魂不死，非正常死亡的灵魂会被鬼魔所缠，变成恶

东巴神园图腾柱

东巴神园一景

鬼作祟于人，因而要由东巴祭司进行招魂、超度、安抚其亡灵。殉情而死的亡灵被祭司超度到神秘的玉龙第三国，那里有白云、蓝天、高山流水、青松翠柏、草地鲜花，老虎当坐骑，白鹿当耕牛，男耕女织，谈情说爱，无忧无虑，是爱情的乐园，是幸福的天地。

祭署，纳西语称为"署古"。据东巴经记载，署和人是同父异母的兄弟，署分管农耕畜牧。后来人们不断地毁坏森林、污染水源和捕杀野生动物，导致署对人进行报复，使人发生病痛、遭受瘟疫、洪水、地震等灾难。为向署表示人的过错，祈求免灾赐福，人类请丁巴什罗协调，并跟署

丁巴什罗塑像

建立了和谐相处的关系。纳西人于每年农历二月举行祭署仪式。

祭丁巴什罗，纳西语称为"什罗务"。它是东巴祭司去世后举行的一种开丧仪式。届时在丧家屋内设神坛，持神像，置供桌，以铁犁铧代表居那若罗神山，设白牦牛、白马等神灵面偶、竹编、供酒茶等祭品。天井里置"标杆"，院内设鬼域、鬼寨，并从屋内灵柩前开始过院坝，至大门铺设神路图，表示亡灵将在东巴祭司的超度下顺着神路图到达祖先居住的天堂。场面宏大，气氛热烈悲壮。

"素祖"是纳西族传统的结婚仪式，又称"抱麻抱"。纳西人认为，每个人有自己的生命神——素神。素神即供养在每个家庭的素篓里。举行这个仪式时，在东巴的主持下，将新娘的素神从其家庭的素篓里请出来，迎进新郎家庭的素篓里，与新郎家庭其他成员的素神结合为一集合体，从此永不分离。其中，在新郎、新娘头上抹酥油是仪式中最重要的部分。

纳西族祭素神供桌

东巴神园是纳西族朝圣祭祀的神坛

祈寿仪式称为"汝众华",是纳西族祈求风调雨顺、延年益寿的活动。是东巴教中最重要的祭祀仪式之一。在仪式中除了布置神坛,悬挂日、月、仙鹤、七星旗、摆放祭品、神石以外,最突出的是设一棵代表"迎华神"的华塔和一棵代表华神梯的柏树。主祭东巴为主祭人家迎华神,求寿缘、求神福泽。将酒、米撒向人群是仪式的最高浪潮。

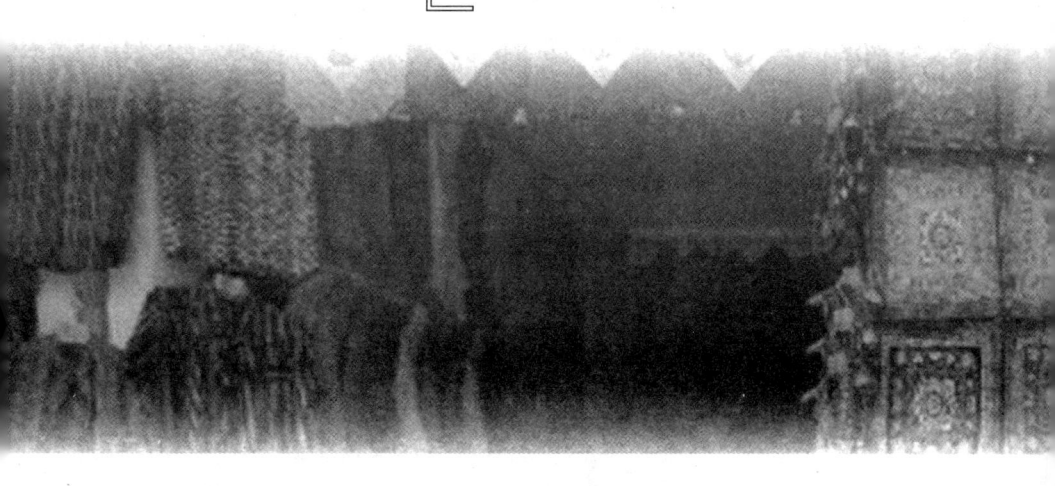

六 精美服饰 『披星戴月』

纳西族服饰

纳西族是居住在云南省丽江地区的一个古老民族,纳西族民族服饰颇具特色,明朝时,丽江地区的男子头绾二髻,傍剃其发,名为"三卷头","妇人高髻于顶前,衣服只用麻布"。清朝时,丽江、维西一带纳西族男女服饰有所改变,"男子剃发戴帽,长领布衣;妇人高髻或戴黑添尖帽,短衣长裙"。解放前,纳西服饰有了很大变化,丽江地区男子服饰与汉族基本无异。

已婚妇女梳发髻于头顶,戴圆形的沙帕"左井",未婚女子则结发辫盘于脑后,戴布头巾或黑绒帽,并喜戴耳环、戒指、银或玉手镯等饰物。衣服多为蓝、白、青色，稍绣花边，朴素大方。

妇女的服饰，因地区而异。丽江妇女穿宽腰大袖、前幅短、后幅及胫的大褂，外加坎肩，下着长裤，腰系百褶围裙，脚穿船形绣花鞋，背披一种叫"永袄"的羊皮披肩。披肩背面上方钉有并排的七个圆布圈及七对垂穗。圆布圈上用金线和彩色丝线绣成图案，俗称"披星戴月"，以示勤劳之意。"披星戴月"衣，是根据满服进行改良的结果，其中的羊皮袄，披星戴月围裙则保留了传统特点，上身着长过膝盖的大褂，宽腰大袖，腰系百褶围腰，下着长裤，背披披肩。这种披肩是用羊皮去毛、洗净、硝白，而

纳西族女子服饰

精美服饰『披星戴月』

纳西族人身穿的羊皮披肩上有七个刺绣圆盘

后缝制而成的,然后在披肩上绣上两条白布带,劳动时就将披肩的布带拉到胸前十字交叉系紧,看上去犹如七颗闪亮的星星围着一轮明月。由于丽江的紫外线非常强烈,穿着这样的服饰可以防晒,同时还可以防风雨,既美观又耐磨损。纳西族妇女健壮爽朗、热情质朴,以勤劳能干著称,就像她们身穿的羊皮披肩上那七个刺绣圆盘所象征的一样,肩担

纳西族少女

日月，背负星星。她们日夜操劳，几乎担负了所有的家务劳动。古时，纳西族男子多外出经商，生产劳动的担子全落在纳西族妇女肩上，她们起早贪黑地劳作还是无法将活干完，于是就把星星月亮绣在披肩上，从此就能"星星月亮永长生，白天黑夜干活忙"了。

关于"披星戴月"衣还有一个传说，相传在很久以前，纳西族居住在湖畔的大

精美服饰『披星戴月』

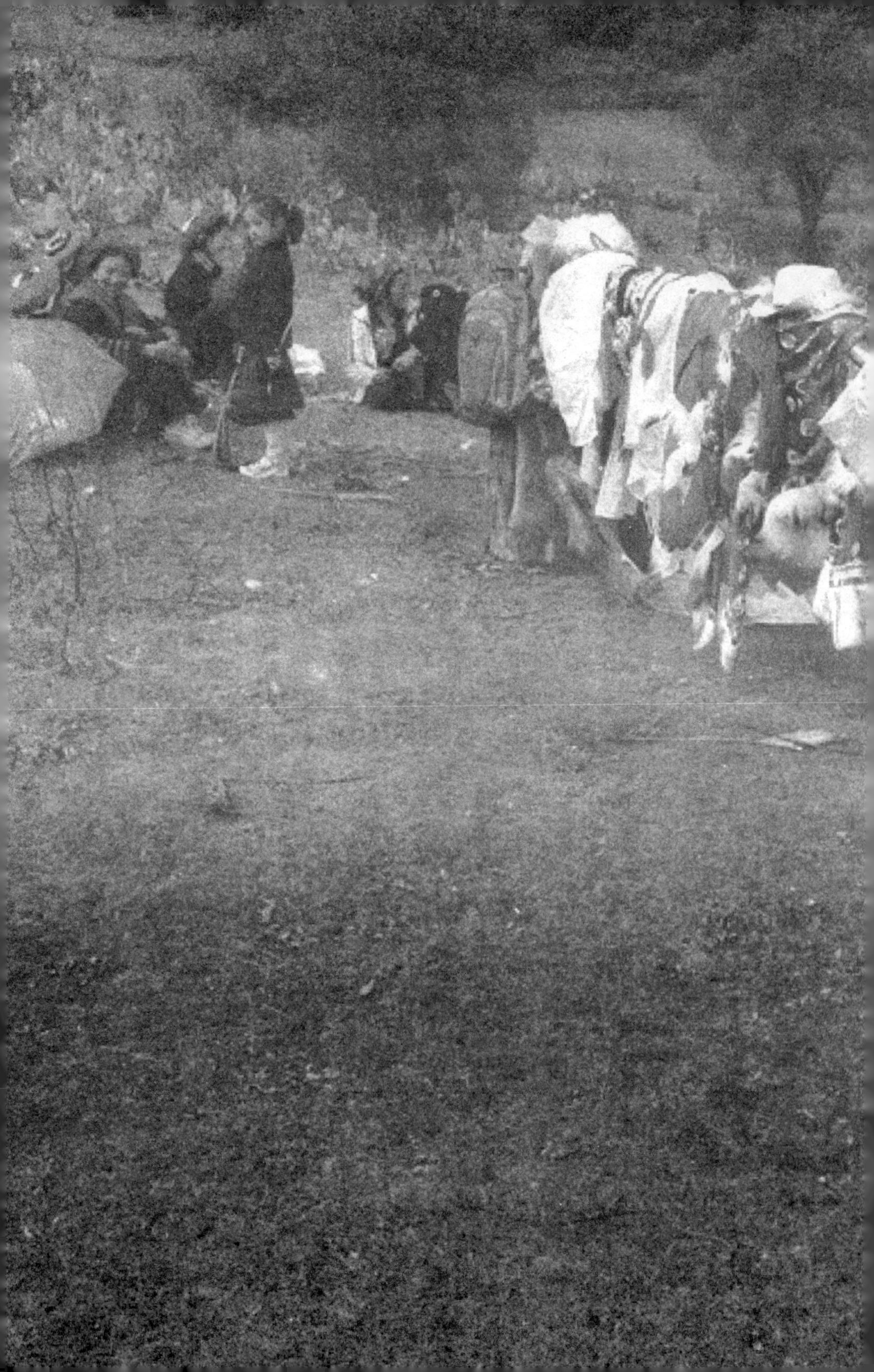

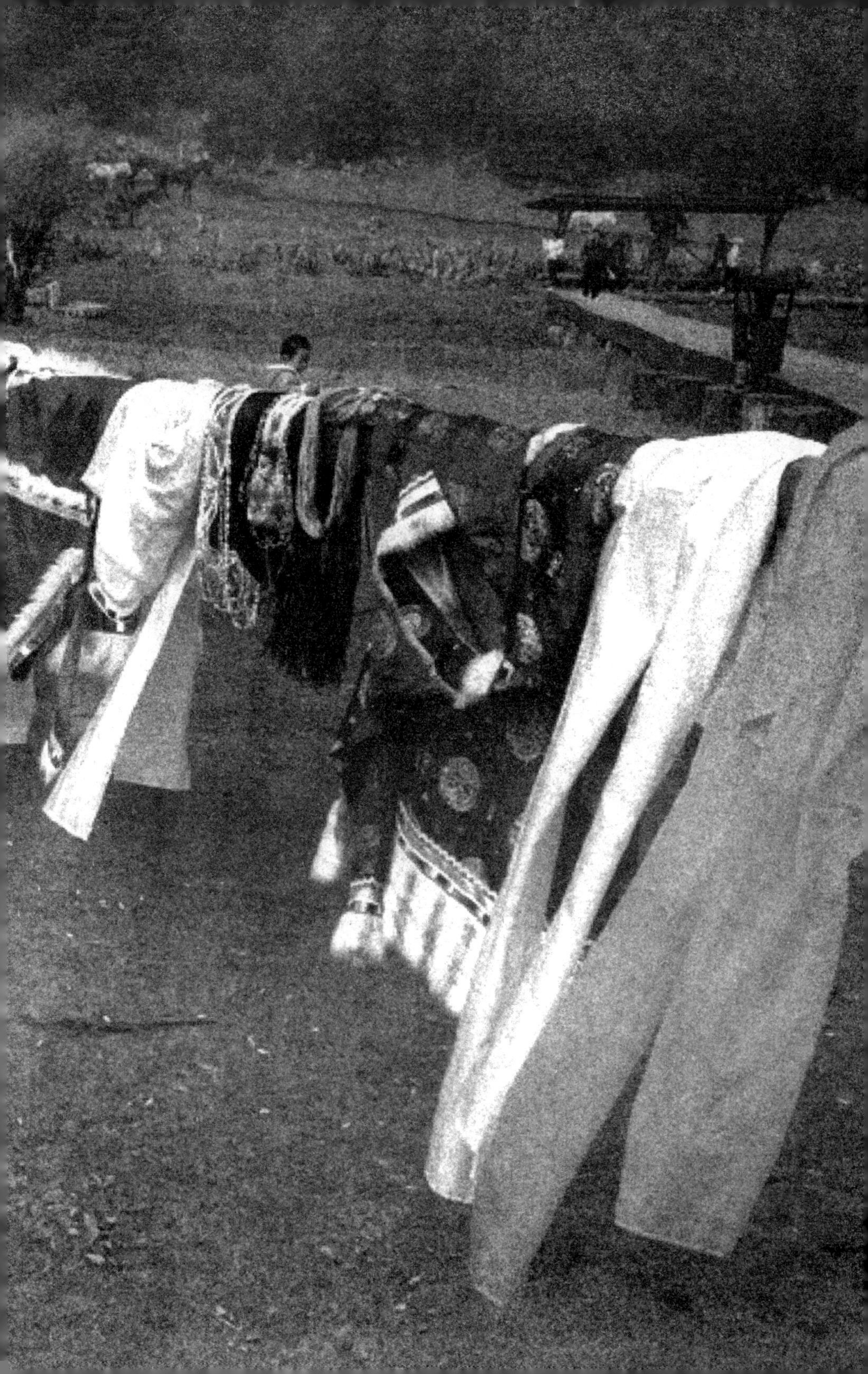

纳西族妇女的"披星戴月"服饰

山上,过着宁静的生活。不料有一年,出现了一个凶狠的旱魔,他放出七个太阳与原有的太阳一起,轮番炙烤大地,人间没有黑夜,大地处处焦黄。有个叫英姑的纳西族姑娘,立志要到东海去请龙王。她用鸟的羽毛编织成一件五光十色的"顶阳衫",披在背上向东方奔去。英姑到了东海边,恰巧遇上龙三太子,两人相爱,龙王派龙三太子陪英姑回家乡解除旱情。可恶的旱魔施计将龙三太子陷入深潭,让大象和狮子把守潭口,可怜的英姑与旱魔一连搏斗了九天,终因气衰力竭,倒在地上。从此,这个地方就叫"英姑墩"(即丽江)。龙三太子拼死冲出深潭,呼叫着扑向英姑倒下的地方,变成纵横于丽江坝子的泉水。白沙三多神见状造了一条雪龙,一连吞下了七个太阳,并把变冷后的太阳又吐到地上,只留下一个太阳。三多神把七个冷太阳捏成了七个闪光的星星,镶在英姑的顶阳衫上,以资表彰。为了纪念英姑,纳西族姑娘依照英姑的顶阳衫做成了精美的羊

色彩艳丽的纳西族服饰

精美服饰『披星戴月』

纳西族服饰

皮披肩，象征勤劳勇敢，这种习俗世代相传，沿袭至今，因而羊皮披肩含有"披星戴月"之意，寓意纳西族人民的勤劳辛苦。中年的纳西族女子，上身常穿绣有彩纹的开领麻布对襟长衫，下穿多褶抹布裙，腰系彩带，头留长发，打辫盘髻，背披无七星的羊皮披肩，脚穿云头长靴，胸前还常配银质方盒一个，因为这是她们最珍贵的装饰品。

七 建筑奇特 异域风情

街头巷尾的涓涓细流穿墙绕户蜿蜒而去

走进丽江用彩石铺成的古老街道，漫游于镇北商业中心四方街，便见河渠流水淙淙，河畔垂柳拂水，市肆民居或门前架桥，或屋后有溪，街头巷尾无数涓涓细流，穿墙绕户蜿蜒而去，这股股清流都来自城北象山脚下的玉泉。

利用这种有利的自然条件，古城街道布局工整而自然，主街傍河，小巷临渠，道路随着水渠的曲直而延伸，房屋就着地势的高低而组合。这些房屋中临街的房子多被辟为铺面。长期以来，纳西族人形成了崇尚自然、崇尚文化，善于学习和吸取其他民族先进文化的优良传统。这一传统对民居建筑艺术产生了极大的影响。表现为纳西族民居特色鲜明、构筑因地制宜、造型朴实生动，装修精美雅致。

依山就水的丽江大研镇，既无高大的围城，也无轩敞的大道，但它古朴如画，处处透出自然和谐。镇内屋宇因地势和流水而错落起伏，人们以木石与泥土构筑起美观适用的住宅，融入了汉、白、藏民居的传统，形成了本民族民居的独特风格，富有滇西北高原气息的纳西族民居建筑，常以"三坊一照壁"的鲜明特点，赢得了人们的赞美。所谓"三坊一照壁"，即主房、厢房与照壁围成的三合院。每房三间两层，朝南的正房供长辈居住，东西厢房一般由晚辈居住。正

三坊一照壁

房较高，两侧配房略低，再加上照壁，看上去主次分明、布局协调。上端深长的"出檐"，具有一定曲度的"面坡"，避免了沉重呆板，显示了柔和优美的曲线。墙身向内作适当的倾斜，这就增强了整个建筑的稳定感。房屋多在两面山墙伸出的檐下，装饰一块鱼形或叶状木片，名曰"悬鱼"，以祈"吉庆有余"。许多庭院门楼雕饰精巧，院内以卵石、瓦片、花砖铺地面，正面堂屋一般有六扇格子门窗，楼层窗台以上安设"漏窗"。窗心的雕刻大多是四季花卉或吉祥鸟兽。为保护木板不受雨淋，房檐大多外伸，

丽江古城民居庭院内景

丽江古城房屋屋檐大多外伸，门窗饰以雕刻

并在露出山墙的横梁两端顶上裙板，当地称为"风火墙"。为了增加房屋的美观，有的还加设栏杆，做成走廊形式。最后，为了减弱"悬山封檐板"的突然转换和山墙柱板外露的单调气氛，巧妙应用了"垂鱼"板的手法，既对横梁起到了保护作用，又增强了整个建筑的艺术效果。堂前廊檐大多比较宽，是一处温馨惬意的活动空间。厦子是丽江纳西族民居最重要的组成部分之一，纳西族人民把一部分房间的功能如吃饭、会客等搬到了厦子里。在建筑设计、建筑风格及艺术等方面，大研古城的纳西民居最具特色。

丽江古城房屋上的挂饰

"三坊一照壁,四合五天井,走马转角楼"式的瓦屋楼房鳞次栉比,既突出了结构布局,又追求雕绘装饰,外拙内秀、玲珑清巧,通过对主辅房屋、照壁、墙身、墙檐和"垂鱼"装饰的布局处理,使得整个建筑高低参差、纵横呼应,构成了一幅既均衡对称又富于变化的外景,显示了纳西族高超的建筑水平,被中外建筑专家誉为"民居博物馆"。值得一提的是,古城居民素来喜爱种植花木培植盆景,使古城享有"丽郡从来喜植树,山城无处不飞花"的美誉。

八 风景名胜 旖旎无限

（一）玉龙雪山

玉龙雪山在丽江西北，距离丽江县城约20公里，是北半球最近赤道的山脉，它处于青藏高原东南边缘，横断山脉分布地带，在大地构造上属横断山脉皱褶带。山势呈由北向南走向，南北长35公里，东西宽25公里，雪山面积有960平方公里，高山雪域风景多位于海拔4000米以上。这里雪山山体高耸，直插云霄，气势磅礴，洋溢着一种雄奇壮丽的美。横亘排列的十三座山峰中卜松毛卦峰海拔5596米，为诸峰之最。

玉龙雪山终年积雪，在碧蓝天幕的映衬下，像一条银色的蛟龙在空中飞舞，

玉龙雪山

雪山养育了古城的百姓

故名"玉龙山"。玉龙山山体高差悬殊大，立体气候突出，属现代海洋性冰川。整个雪山集亚热带、温带及寒带的各种自然景观于一身，构成了独特的"阳春白雪"的主体景观。雨雪新晴之后，雪格外地白，松格外地绿，掩映生姿。玉龙雪山以它绝妙的风姿和奇异的景观，吸引着古今中外大量的考察者和观光旅游者。雪山至今尚未被人类征服，还是一座处女峰。在这里，不仅能观赏到雪山奇景，还可以领略高原森林的风姿、珍稀动植物的情趣，被称为"现代冰川博物馆"和"植物王国"。

山上经济林木、药用植物和观赏花卉，

玉龙雪山露出白雪皑皑的顶峰，奇丽多姿

依不同海拔气候而分布，是杜鹃花的著名产地。山上景点较多，如云杉坪、牦牛坪等。现已修建有一条长2968米的登山大索道，通过它可将游人送至海拔4500米的终年积雪的冰雪区，这里建有四季滑雪场，即使在夏季，也可享受到冰雪之乐。但是，玉龙雪山不轻易稍露她白雪皑皑的顶峰，因为她很容易被云雾遮住，只有当太阳出来时，才会让您一睹芳容，但很快又看不见了。她随四时的更换、阴晴的变化，显示出其奇丽多姿，时而云雾缭绕，雪山乍隐乍现，似"犹抱琵琶半遮面"的美女；时而山顶云封，似乎深奥莫测；时而上下俱开，白云横腰一围，另具一番风姿；时而碧空万里，群峰如洗，闪烁着晶莹的银光。即使在一天之中，玉龙雪山也是变化无穷。凌晨，山村尚在酣眠，而雪山却已早迎曙光，峰顶染上晨曦，朝霞映着雪峰，霞光雪光互相辉映；傍晚，夕阳西下，余辉山顶，雪山像一位披着红纱巾的少女，亭亭玉立；月出，星光闪烁，月光柔溶，雪山似躲进白纱帐中，渐入甜蜜的梦乡。如若环山一游，更是奇景迭现：步入白沙玉湖，雪峰杉林，草地畜群，玉壁金川，构成了一幅令人销魂夺魄的画面，转到雪山西面是惊心动魄的虎跳奇景。随着节令及气候的变

化,雪山景观也交替变幻。清代纳西族学者木正源曾形象地归纳出"玉龙十二景",即:"三春烟笼""六月云带""晓前曙色""暝后夕阳""晴霞五色""夜月双辉""绿雪奇峰""银灯炫焰""玉湖倒影""龙甲生云""金水璧流""白泉玉液"。

玉龙雪山还是花的海洋,每当春末夏初,百花斗艳,云南八大名花无不具备,仅杜鹃花就有四十多个品种;而且林木苍郁,仅松树就有云南松、华山松、云杉、红杉、冷杉等;玉龙山还是药材的故乡,山中有虫草、雪茶、雪莲、麻黄、三分三、贝母、茯苓、木香等药材。各种珍禽异兽

玉龙雪山脚下的花海

活跃于山间,将一座银装素裹的雪峰映衬得分外妖娆。

丽江古城黑龙潭公园一景

(二)黑龙潭

黑龙潭位于古城的象山脚下,是国家3A级名胜区。黑龙潭不仅是丽江古城最重要的活水源头,也是古城区重要的旅游景点。以高耸洁白的玉龙雪山为背景的黑龙

丽江黑龙潭公园一景

潭清澈见底，四周绿树婆娑，五凤楼、解脱林、龙神祠、锁翠桥等古建筑掩映其间。位于黑龙潭中央的得月楼上，悬挂有郭沫若先生亲笔题写的楹联："龙潭倒映十三峰，潜龙在天，飞龙在地；玉水纵横半里许，墨玉为体，苍玉为神。"优美的自然风景与独具特色的人文景观的最完美结合，使得黑龙潭日益成为备受世人瞩目的风景名胜区，该景点曾被列入《中国名泉》《中国风景名胜》等书。

九 束河迪庆 精彩纷呈

束河意为"高峰之下的村寨"

（一）束河古镇

束河，纳西语称"绍坞"，因村后聚宝山形如堆垒之高峰，以山名村，流传变异而成，意为"高峰之下的村寨"。是纳西族先民在丽江坝子中最早的聚居地之一，是茶马古道上保存完好的重要集镇，也是纳西族先民从农耕文明向商业文明过渡的活标本，更是对外开放和马帮活动形成的集镇建设典范。束河是世界文化遗产丽江古城的重要组成部分，于2005年入选CCTV"中国魅力名镇"。

从丽江古城往北，沿中济海东侧的大路行约4公里，便见两边山脚下一片

丽江古城传统的水磨房

丽江古城"天雨流芳"牌坊

密集的村落,这就是被称为"清泉之乡"的束河。当年徐霞客游芝山解脱林时,曾走过此道,他在记述中这样写道:"过一枯涧石桥,西瞻中海,柳暗波萦,有大聚落临其上,是为十和院。""十和"即今之束河古称。由此可见,早在明代这里已是丽江的重要集镇了。束河依山傍水,民居房舍错落有致。街头有一潭水,称为"九鼎龙潭",又称"龙泉"。潭四周绿柳垂地,翠柏指天,泉水清澈,游鱼可数。从潭中溢出的流水蜿蜒于村中道旁,远近汩汩有声。村庄中心有一

束河迪庆 精彩纷呈

玉龙雪山脚下的束河古城建筑群

条长33米、宽27米的小小四方街,与古城四方街一样可以引水冲洗街道。街面上那些被人马踩踏得光溜平滑的石板,似乎还能照见往日的繁华。

　　束河坐东朝西,背风向阳,村后山林为玉龙山南下之余脉,山形秀丽,植被茂密,白沙岩脚院有凤凰山,至束河山形再变,呈祥瑞之象,堪舆家称为"丹凤含书之地",预言文化昌盛,兴旺发达。束河曾以发达的文化教育和皮革加工、竹编等手工业闻名于世。早在清朝乾隆年间,束河就开设了由政府公助的义学馆,此外还有三所私塾,近现代又创办了小学、中学,使得束河成为著名的人才之乡。由于茶马古道的发展，产生了对各种商品的需求，至明朝，木氏土司延聘一批江南工匠，定居束河，此后，该地成为滇、川、藏交界地域内著名的"皮匠村"，束河工匠的足迹走遍了茶马古道的每一个角落。过去束河村从事皮革业的有300多户，日产皮鞋500双，各种皮货远销西藏、西昌、青海等地，有的商人甚至到达印度、尼泊尔等国，故有"束河皮匠，一根锥子走天下"之说。在宁蒗中甸、德钦，至今还有以束河皮匠聚居而成的皮匠村。

进入束河村，你可直抵束河中心集市，在这里你会有一种似曾相识的感觉，

束河古镇民居建筑

这是一个类似大研镇古城四方街的广场，面积约250平方米，亦称束河四方街，在赶集的日子里异常热闹。广场四周均为店铺，古老的木板门面，暗红色油漆。还有店前黑亮的青石，脚下斑驳的石坡路面，以及闲坐的老人，勾勒出束河古朴自然的本色。站在广场中心，你会发现，大研古城四方街完全是束河的翻版，纳西民族由游牧走向农耕，再走向城市，在这里可找出一些痕迹。沿束河街北走100米，便可找到溪流的源头"九鼎龙潭"，潭水透明清澈，日夜涌流，束河人奉为神泉，于是建有北泉寺。寺内陈设与古

九鼎龙潭风光

城其他寺院没有什么区别，倒是潭边临水一角，有一个叫"三圣宫"的楼阁，该楼阁为传统四合院，里面供奉有皮匠的祖师。因为是束河人的骄傲，这里有很多制皮的能工巧匠，同时也是重要皮毛集散之地。而位于玉龙雪山南麓的束河，依山傍水，得天独厚的自然资源酝酿了无数的美食。如：

虹鳟鱼：玉龙雪山常年不断的清泉，水质清澈，冰凉刺骨，正是虹鳟鱼最佳的自然养殖场，食之鲜嫩可口，令人难忘。

酸菜炒洋芋：酸辣适度，半生半熟，平民食物，历久不衰。

大肉：适度的香料、适度的植物色素，厚实、鲜艳、软嫩、肥而不腻，是农家一年的企盼，更是一种丰衣足食的象征。

酥油茶：酥油与绿茶的交融，也是文化与风情的交融，由于茶马古道的影响，酥油茶成为束河居民的日常小吃。

水焖粑粑：一面烤，一面蒸，松软酥脆，团圆美满。

土酒：用纯粮酿造，以口感评判优劣，用它泡制的青梅酒口味更佳。

海棠果：春季开花，夏季成熟，果实呈紫红色，富含维生素C及多种微量元素，消炎健脾肾，对泌尿系统有独特疗效。

海棠果

果蔬蜜饯

果蔬蜜饯：原料为时令果蔬，制做方法很传统，水果蔬菜皆成晶莹剔透的食品，观之悦目，食之爽口。

香橼：四季长绿，终年挂果，唐朝时为贡品，常置于王公大臣家中，闻其香味，舍不得吃，偶有品尝者，谓其味苦，实由于千里辗转，路途耽搁所致。

(二) 束河八景

束河历史悠久，人杰地灵，四季如春，气候宜人，为纳西族先民在丽江坝子中最早的聚居地之一。素来以风景优美著称，其中"束河八景"则是束河风景的集中体现，这八景为：烟柳平桥、夜市萤火、龙

香橼

束河迪庆 精彩纷呈

门望月、西山红叶、雪山倒映、断碑敲音、鱼水亲人、石莲夜话。

1. 烟柳平桥

青龙桥建于明朝万历年间，距今已有400多年的历史，它的西面是聚宝山，青龙桥的中轴线正对着聚宝山，这是木氏土司的设计，也是木氏土司鼎盛时期的标志性建筑。该桥长25米、宽4.5米、高4米，全部由石块垒砌而成，被列为丽江古石桥之最，可见束河在丽江历史文化格局中所占的地位。青龙桥的桥面经过数百年风雨的洗刷，现已变得斑驳苍老，但却不失其英雄气势和庄严厚重感，站在这里，你也

烟柳平桥

青龙桥被列为丽江古石桥之最

古桥之上的民居建筑

束河迪庆 精彩纷呈

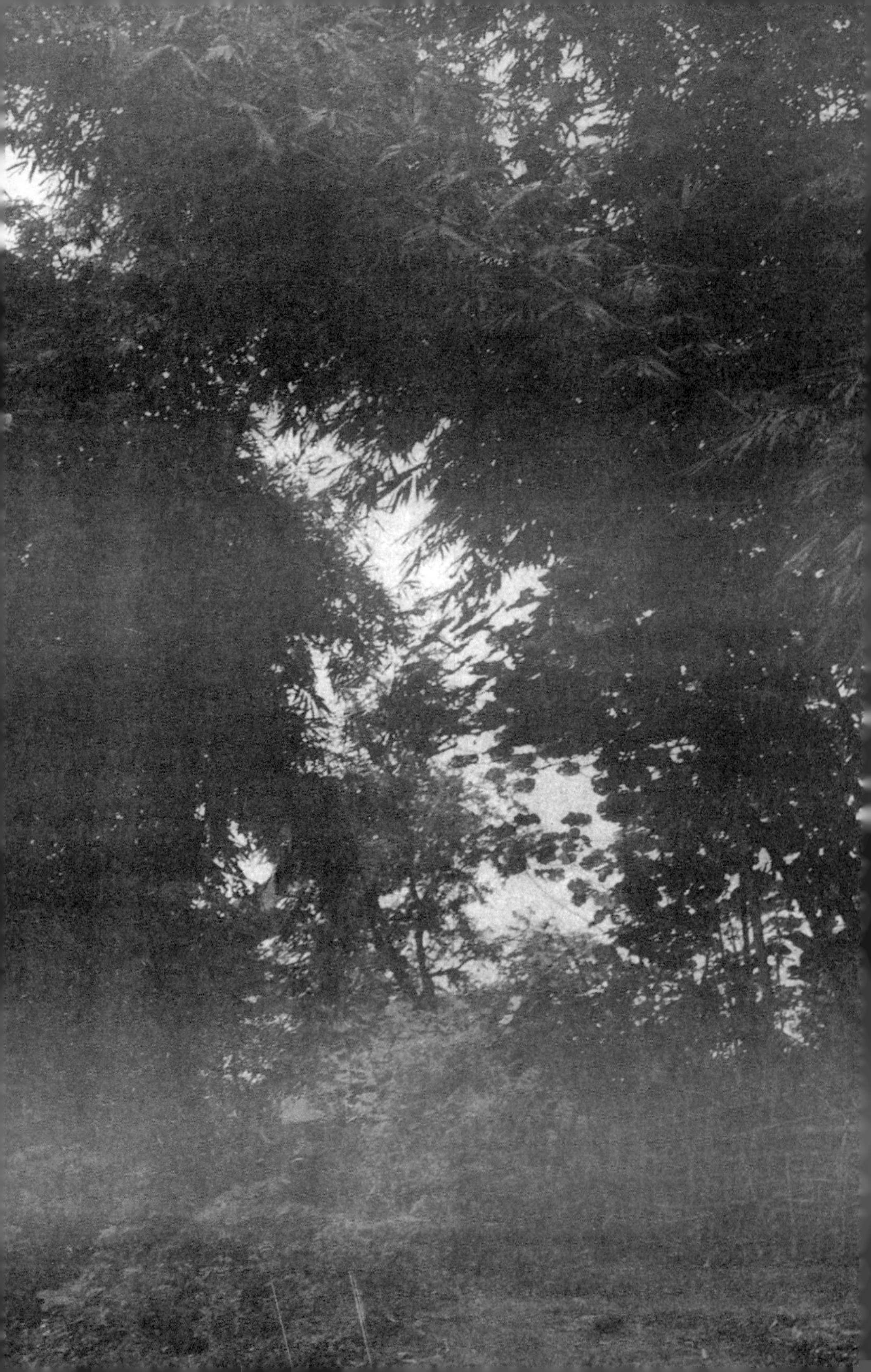

许会听见马蹄的声音在回响。这里还流传着一个故事：藏传佛教大师噶玛追赶一个魔鬼，从这里一步跨到了玉龙雪山上，在桥上留下了一个脚印。开春时节，桥畔的杨柳长出了新芽，如烟似纱，仿佛绿色的波浪要涌到桥面上来，这就是束河八景中的一景——烟柳平桥。

2. 夜市萤火

长不过三十几米，有五条道路通向四面八方，水流环绕、日中为市，为丽江坝子最古老的集市之一。古时候，束河的四方街上设有夜市，人们像今天的都市人一样漫步在四方街上，随心所欲地走走停停，看看稀奇，吃点儿自己想吃的东西，玩一下自己喜欢的游戏，逛夜市的人手里举着灯，穿行在青龙河畔，如夏夜流萤，成了一道风景，叫做"夜市萤火"，为束河八景之一。

夜幕降临，丽江古城内一派祥和景象

3. 龙潭

龙泉山下古树参天，一道好水积成九鼎龙潭，潭水清澈晶莹，水草曼舞，游鱼逍遥，玉龙雪山倒映其中，清姿傲岸，意境无穷，成为束河又一胜景——雪山倒映。潭边有一截断碑，年代已不可考，用石头敲击，会发出清脆的声音，为束河八景之中的"断碑敲音"。不过,为了保护这一景观,大家还是不敲为好。潭中的鱼儿是游人最喜欢的景致。它们不怕人,每当喂食的时候,纷纷前来争食,溅起的水花泼到喂食者脸上,人与鱼如此亲昵相处并不多见,这番景致也被列入束河八景,叫做"鱼水亲人"。龙潭上端有一座寺庙,名叫"三圣宫",西殿供奉观音,北楼供奉龙王,南楼供奉皮匠祖师孙膑。东楼楼基直接入水,三面都有回廊,供游人凭栏远眺。在这里,远近风光尽收眼底,田畴润绿,炊烟袅袅,鸡犬争鸣,生机勃勃,一派田园牧歌景象,无限的诗情画意,令人流连忘返。尤其是月明之夜,登楼

三圣宫一景

赏月最有情趣，文人墨客每每对月吟诗作画，被传为佳话。此景为束河八景中的"龙门望月"。

4. 西山红叶

束河西山上有很多漆树。每到秋天，树叶鲜红，秋光灿烂，令人赏心悦目。在束河八景中，西山红叶，最为动人。

5. 石莲夜读

束河西山的最南边就是松云村，后边有石莲山，山上有个山洞，像老虎张开的大嘴，为了震住老虎的威风，当地人在洞口建了一座寺庙，叫石莲寺，其中有一棵柱子是用铁链拴着的。民国时期曾在这里

束河西山红叶

云南香格里拉风光

办过夜校，读书人围火夜读，成了一道风景，叫做"石莲夜读"，为束河八景之一。

倘佯于龙泉之畔，漫步于束河古街，总能让人感受到一股浓郁的文化气息。作为大研古城周边民居建筑的束河民居，已成为世界文化遗产中的一部分，吸引着中外游客。

（三）迪庆

"迪庆"藏语意为"吉祥如意的地方"，是半个多世纪以来，世人苦苦寻觅的人与自然和谐相处、祥和、宁静的世外桃源——"香格里拉"。它位于青藏高原伸延部分南北纵向排列的横断山脉，滇、藏、川三省区结合处，地处金沙江、澜沧江、怒江

金沙江

三江并流国家级风景名胜区腹地,澜沧江和金沙江自北向南贯穿全境,形成一派自然的"雪山为屏,金沙为带"的特殊壮景,是滇西北高原上一颗璀璨的明珠。

迪庆是云南进入西藏的唯一通道,处在云南进入西藏去四川的黄金旅游线中心,历史上就是滇、川、藏"茶马古道"上内地与藏区经济文化交流的中转站和物资集散地。这块神秘的净土幅员辽阔,自然资源十分丰富。

迪庆地处金沙江、澜沧江、怒江三江并流国家级风景名胜区的核心,特殊的地理位置和气候条件,使得境内形成了复杂的地貌结构和动植物繁衍生息的多

云南省境内长江第一湾

层次自然景观，孕育了极为丰富的旅游资源。这里有白茫雪山国家级自然保护区，有哈巴雪山、碧塔海、纳帕海三个省级自然保护区，有神女千湖山、碧塔海、硕都湖、纳帕海、天鹅湖等高山湖泊，为亚洲大陆最纯净的淡水湖泊群，大小中甸、硕都湖等秀丽草甸占全州土地面积的1／5。迪庆拥有上百种珍稀树种，数百种中药材，有野生花卉1060科312属1578种和数不胜数的珍禽异兽，被誉为我国第二珍兽的滇金丝猴数量就占世界总量的58％。还有金沙江、澜沧江并流奇观，有以深、窄、陡、险、秀而著名的澜沧江峡谷，虎跳峡及香格里拉峡谷，有迄今仍是无人登顶的"处女峰"梅里雪山卡格博峰（当地人称之为太子雪山），有低纬度低海拔2700米的现代冰川明永恰，具有巨大的观赏价值和科学考察、探险价值。还有号称"仙人遗田"的白水台和松赞林寺、东竹林寺、达摩祖师洞等众多的藏传佛教文化名胜。迪庆有25个民族世代杂居，各信其教，相融共处，举世罕见。

　　迪庆是歌舞之乡，被国际音乐界视为"圣地"。藏族的中甸锅庄舞、维西塔城热巴舞、德钦弦子舞、傈僳族的对脚舞等，都独具特色；藏族的丹巴舞、

引人入胜的雪山美景

茂密的竹林

格冬节宗教色彩浓郁，耐人寻味；藏历新年、五月赛马节、傈僳族的阔时节和纳西族的"二月初八朝白水"等民族节庆热闹非凡，令人流连忘返。多种民族风情、民俗独具特色，民族服饰、饮食风格多样，礼仪内涵丰富，丧葬仪式极具神奇色彩。

（四）香格里拉

"香格里拉"一词是迪庆香格里拉县的藏语名称，意为"心中的日月"，它是藏民心目中的理想生活环境和至高无上的境界。松赞林寺又称归化寺，位于香格里拉以北5公里的佛屏山下，为五世达赖和

云南梅里雪山和澜沧江

云南香格里拉虎跳峡

束河迪庆 精彩纷呈

清康熙皇帝敕建的"十三林"之一，康熙皇帝为该寺赐名"噶丹松赞林"。为该寺选址时，达赖喇嘛占得神启："林木深幽现清泉，天降金鹜戏其间。"它不仅是云南省最大的藏传佛教寺庙群落，还是川滇一带的黄教中心，被誉为"小布达拉宫"。该寺依山而建，外形犹如一座古堡，集藏族造型艺术之大成，有"藏族艺术博物馆"之称。每年农历十一月二十九日，藏族僧俗百姓在此举行以"跳神"（面具舞）为主的格冬节，气氛神秘而热烈。

丽江古城是一座具有较高综合价值和整体价值的历史文化名城，它集中体现了地方历史文化和民族风俗风情，体现了当

松赞林寺

丽江古城

丽江古城被列为世界文化遗产

时社会进步的本质特征。流动的城市空间、充满生命力的水系、风格统一的建筑群体、尺度适宜的居住建筑、亲切宜人的空间环境以及独具风格的民族艺术内容等，使其有别于中国其他历史文化名城。古城建设崇自然、求实效、尚率直、善兼容的可贵特质，更体现出在特定历史条件下城镇建

丽江古城历史悠久、古朴自然

筑中所特有的人类创造精神和进步意义。丽江古城是具有重要意义的少数民族传统聚居地，它的存在为人类城市建设史的研究、人类民族发展史的研究提供了宝贵资料，既是珍贵的文化遗产，又是中国乃至世界的瑰宝。